PNR(Puritans and Reformed Publishing Company)
개혁주의신학사는 청도교 신학과 개혁 신학에 관한 기독교 서적을 출판하는 출판사이며, 자유주의 신학과 다원주의 신학을 배척하며 순수한 기독교 신앙을 보수하기 위하여 설립된 문서선교 기관이다. PNR KOREA(개혁주의신학사)는 CLC가 공동으로 운영하는 출판사이다.

추천사 1

양 현 표 박사
총신대학교 신학대학원, 실천신학 교수

    40년지기 친우 홍인택 박사가 『웨스트민스터 소교리문답과 거룩한 생활』을 저술했다. 그의 박사 학위 논문을 토대로 확장, 보완하여 평신도를 위한 교리 교육서를 저술한 것이다. 홍 박사는 평소에 교리 교육의 필요성과 당위성을 주장하는 목사이다. 그는 사석에서 자주 교리 교육의 부재야말로 교회의 질적 저하를 가져온다고 주장하곤 한다. 개혁주의 신학에 바탕을 둔 신학자로서, 그는 특별히 웨스트민스터 신앙고백과 대소교리문답의 중요성을 강조한다. 그리고 그 중요성은 성도의 거룩과 성화로 나타난다고 주장한다.

    저자는 지금까지의 소교리문답에 대한 책이 각 문항에 대한 해설만 있을 뿐, 그것들이 의미하는 "성화에 대한 웨스트민스터 신학자들의 의도와 목적이 간과"되고 있음을 아쉬워하고 있다. 이러한 그의 확신이 이 책을 출판하게 된 배경이라고 믿는다. 그는 이 책의 저술 목적을 "그리스도인들이 자신들의 삶에서 실제로 거룩한 삶을 살아가기 위한 교범과 검증서로 소교리문답을 구체적이고 적극적으로 활용하게 하기 위함"이라고 밝히고 있다. 책으로 출판하기까지 헌신한 홍 박사의 노고에 깊이 감사드린다.

이 책은 몇 가지 특징이 있다.

첫째, 이 책의 독자로 평신도들을 상정하고 있다는 것이다. 이 책은 일반 성도들이 이해하기 어려운 신학적 용어들로 꾸며진 책이 아니다. 따라서 평신도를 대상으로 교리 교육을 계획하는 목회자들에게 최적의 책이라고 평하고 싶다. 12주에서 15주 커리큘럼의 교리 교육에서 가장 알맞은 책이라 하겠다.

둘째, 이 책은 주제별로 해설한 책이다. 소교리문답 107개 문항을 하나하나 해설하기보다는 주제별로 크게 구분하여 해설하고 있다. 즉, 인생의 목적, 성경, 언약, 중생과 회심, 믿음, 회개, 성화, 율법, 순종, 도덕법, 십계명, 안식일, 부모 공경, 은혜의 방편 등의 주제를 다루고 있다. 따라서 교리 교육의 지루함을 없애고 속도감을 제공하여 전체 교리 개요를 습득하는 데 유익하게 한다.

셋째, 이 책의 특징은 저자가 웨스트민스터 소교리문답의 여러 주제에 대한 역사적 맥락과 배경을 잘 설명하고 있다는 것이다. 소교리문답이 제정되던 시기의 사회적, 문화적, 그리고 역사적 배경을 다룸으로써, 왜 소교리문답에 이러한 주제들을 포함되게 되었는지, 그리고 그것이 오늘의 현실에서는 어떻게 적용되어야 하는지를 저자는 탁월하게 설명하고 있다.

단순히 교리적 내용 그 자체를 넘어서서 그 교리와 관련된 그 시대의 맥락을 언급함으로써 독자들에게 폭넓은 이해를 선사한다. 더 나아가 이 책은 딱딱한 교리 책이 아니기에 따라서 가르치는 자나 듣는 자 모두에게 흥미를 자아내게 하고 최종적으로는 역사를 주관하시는 하나님의 섭리를 바라보게 만든다.

초지일관 저자의 논지는 성도의 거룩한 삶에 있다. 저자는 소교리문답의 목적이 성도의 거룩한 삶을 살아가게 하는 데 있음을 강조한다. 저자는 "교리와 삶이 서로 따로 떨어져서 각각의 방식으로 분리되어 작동하는 것은 성경의 가르침을 심각하게 오해하고 왜곡하는 것"이라고 말한다. 현장의 목회자와 평신도 모두에게 이 책의 탐독을 권하는 바이다. 특별히 교리교육을 꿈꾸는 교회의 목회자들에게 이 책을 적극적으로 권하는 바이다.

추천사 2

김요섭 박사
총신대학교 신학대학원, 역사신학 교수

    웨스트민스터 소교리문답은 오늘날에도 여전히 유효하고 유용한 신학적 의미와 실제적 적용점을 가진 기독교의 고전입니다. 17세기 청교도들은 신앙고백서와 대교리문답에 진술한 신학적 주제들을 소교리문답에서 어린이들과 초신자들을 위해 더 체계적이며 효과적으로 설명했습니다. 이 소교리문답은 이후 많은 교회에서 교리 교육의 교재로 널리 활용되었으며, 오늘날 여러 나라 장로교회에서 공적인 신앙을 표명하는 표준문서로서 널리 사용되고 있습니다.

    홍인택 목사님은 이미 출간한 『웨스트민스터 총회의 율법과 성화』에서 웨스트민스터 소교리문답의 역사적 배경과 신학에 대한 심도 있는 학문적 검토를 제시했습니다. 그리고 이번에는 그 동안의 전문적인 연구의 결과를 목사님께서 오랜 시간 목회 현장에서 경험한 실제적 안목에 따라 이 책에서 탁월하게 풀어냈습니다. 따라서 이 책은 웨스트민스터 소교리문답의 주요 내용을 이해하고자 하는 독자들뿐 아니라 이 귀중한 고전을 목회 현장에서 설교와 교육 교재로 사용하려 하는 목회자들에게도 매우 도움이 되는 지침이 될 것입니다.

웨스트민스터 소교리문답과 거룩한 생활

The Westminster Shorter Catechism and the Godly Life

The Westminster Shorter Catechism and The Godly Life
Written by Intaek Hong
All rights reserved.
Korean Edition Copyright ⓒ 2024 by Presbyterian and Reformed Publishing Company, Seoul, Korea.

웨스트민스터 소교리문답과 거룩한 생활

2024년 02월 15일 초판 발행

지 은 이 | 홍인택

편　　집 | 이신영
디 자 인 | 박성준, 김현미
펴 낸 곳 | 개혁주의신학사
등　　록 | 제21-173호(1990. 7. 2.)
주　　소 | 서울 동대문구 천호대로71길 39
전　　화 | 02-586-8761~3(본사) 031-942-8761(영업부)
팩　　스 | 02-523-0131(본사) 031-942-8763(영업부)
이 메 일 | clckor@gmail.com
홈페이지 | www.clcbook.com
송금계좌 | 기업은행 073-085852-01-016 예금주: 개혁주의신학사
일련번호 | 2021-85

ISBN 978-89-7138-076-5 (94230)
ISBN 978-89-7138-044-4 (세트)

이 책의 출판권은 개혁주의신학사가 소유합니다. 신저작권법에 의하여 한국 내에서 보호받는 저작물이므로 무단 전재와 무단 복제를 금합니다.

웨스트민스터총회시리즈 10

웨스트민스터 소교리문답과
거룩한 생활
THE GODLY LIFE

WSC

홍인택 지음

개혁주의신학사

그리스도인은 언약 안에서 성령의 역사로 말미암아 하나님의 계명에 순종하는 생활을 함으로써 점점 더 거룩하게 되어 그리스도를 닮아간다.

목 차

추천사1 양 현 표 박사 | 총신대학교 신학대학원, 실천신학 교수   1
추천사2 김 요 섭 박사 | 총신대학교 신학대학원, 역사신학 교수   4

프롤로그   12

제1장. 근본적인 질문 하나: 우리의 목적과 출발점은?   21
  1. 우리의 존재의 목적   21
  2. 우리의 출발점   25

제2장. 성경을 이해하는 주요 관점들   31
  1. 세 가지 관점   32
  2. 하나님 나라   35
  3. 하나님의 가족   39

제3장. 언약: 3중 언약과 은혜 언약의 대서사   43
  1. 3중 언약   45
  2. 은혜 언약의 대서사   49

제4장. 예수 그리스도, 언약의 성취   55
  1. 새 언약으로서의 예수 그리스도   55
  2. 그리스도의 삼중직 사역   58
  3. 새 언약의 특징들   60

제5장. 언약 안으로 들어감 : 중생과 회심 ... 64
　1. 중생 ... 66
　2. 구원하는 믿음 ... 69
　3. 회개 ... 71

제6장. 웨스트민스터 소교리문답: 언약신앙의 교본 ... 75
　1. 웨스트민스터 총회의 약사 ... 76
　2. 웨스트민스터 소교리문답의 내용과 언약 신앙적 특징 ... 79
　3. 소교리문답의 구조에 대한 새로운 이해 ... 82

제7장. 웨스트민스터 소교리문답과 성화(聖化) ... 87
　1. 성화란 무엇인가? ... 87
　2. 웨스트민스터 소교리문답의 성화 ... 90

제8장. 소교리문답의 성화와 율법 ... 96
　1. 성화와 율법 순종의 관계 ... 96
　2. 성화에서의 성령의 사역과 신자의 책임 ... 100

제9장. 성화를 위한 삶: 계명의 순종 ... 107
　1. 도덕법 ... 107
　2. 십계명 ... 110
　3. 십계명 이해를 위한 숙고사항 ... 112

제10장. 언약인의 의무(1) : 제4계명　　　　　　　　　117
　1. 16, 17세기의 청교도들의 안식일 이해　　　　118
　2. 웨스트민스터 소교리문답의 제4계명 해설　　123
　3. 제4계명의 현대적 이해　　　　　　　　　　127

제11장 언약인의 의무(2) : 제5계명　　　　　　　　130
　1. 17세기 영국의 사회적 상황　　　　　　　　　132
　2. 스코틀랜드 언약신학의 영향　　　　　　　　134
　3. 웨스트민스터 소교리문답의 제5계명 해설　　136
　4. 제5계명의 현대적 이해　　　　　　　　　　142

제12장. 실패할 때 : 은혜의 방편　　　　　　　　　145
　1. 말씀　　　　　　　　　　　　　　　　　　　148
　2. 성례　　　　　　　　　　　　　　　　　　　150
　3. 기도　　　　　　　　　　　　　　　　　　　152

제13장. 실제의 삶에서 – 시편119:32　　　　　　　156
　1. 마음을 넓히시면　　　　　　　　　　　　　158
　2. 계명의 길로 달려가리이다　　　　　　　　　162

에필로그　　　　　　　　　　　　　　　　　　　166

프롤로그

홍 인 택 목사

왜 웨스트민스터 소교리문답(Westminster Shorter Catechism)을 공부해야 할까요?

370여 년 전에 영국에서 청교도가 작성된 교리문답을 21세기에 사는 우리가 공부해야 할 이유는 무엇일까요?

이에 대한 대답은 두 가지로 요약될 수 있습니다. 하나는 성경적인 바른 신앙의 표준을 이해하고 체득하기 위함이고 다른 하나는 현재의 삶에 있어서 거룩한 생활이 우리 신앙의 대의임을 이해하고 실천하기 위함입니다. 이 두 가지 모두 현대 그리스도인들이 바르게 배우지 못하거나 그 중요성을 놓치고 있는 부분입니다. 하지만 웨스트민스터 소교리문답은 이 두 가지에 대한 해결을 분명하게 제시합니다. 그러므로 웨스트민스터 소교리문답을 공부하는 것은 매우 적실하고도 유익합니다.

먼저 우리 신앙의 표준 혹은 기준을 이해하는 것은 그 어느 시대보다도 우리 시대에 매우 중요하고 절실합니다. 이를 위해서는 역사, 곧 기독교 교회의 역사를 이해하는 것이 필요한데, 우리의 신앙이 역사적인 토대 위에서 형성되어왔기 때문입니다. 물론 이 말은 역사 속에서 일어난 인물들과 사건들과 문헌들이 우리 신앙의 근본을 이룬다는 의미는 아닙니다.

당연히, 우리의 신앙은 예수 그리스도의 성육신과 그로 말미암은 공생

애 사역으로 말미암아 시작되었고 사도들로 불리는 제자들에 의하여 확립되었습니다. 그러나 교회가 시작되던 첫 세대로부터 예수 그리스도의 복음에 대한 다양한 이해와 해석이 생겨나면서 수많은 이단이 출현하여 교회를 어지럽히는 일이 자주 일어났습니다. 그 까닭에 바른 신앙을 확고히 할 필요가 시급하고도 절실하게 되었습니다. 하지만 이 일은 몇몇 사람들에 의하여 간단하게 해결될 문제가 아니었고 교회의 신앙과 신학이 성숙하면서 공적으로 해결되어야 했습니다.

그래서 교회는 초창기부터 신앙의 규칙(regula fidei, regulation of faith), 즉 바른 신앙의 표준을 확립하는 데 심혈을 기울였습니다.[1] 먼저 교회는 믿음의 진정성(authenticity), 곧 참된 믿음을 가늠하는 토대로서 정경을 확립하고자 했습니다. 신중하고도 엄밀한 논증과 검증의 과정을 통하여 정경이 확립되었는데 카르타고 공회의에서(393년) 최종적으로 신구약 성경을 정경으로 확정했습니다.

그와 동시에 기본적인 신앙의 내용을 확립하는데도 심혈을 기울였는데 사도들의 가르침을 토대로 신앙의 표준을 마련하고자 했습니다. 이 일은 특별히 삼위일체론과 기독론에 대한 이단들의 등장과 관련하여 3-4세기경에 이르러서는 신앙의 표준에 대한 단편적인 문서들이 작성되기 시작했고, 340년의 마르셀루스의 신경을 토대로 하는 사도신경으로 그 내용이 가다듬어져 확정되었습니다.

---

1 신앙의 규칙(Rules of Faith)이라는 표현은 이레니우스(Irenaeus, c. 130-c. 202)와 테르툴리아누스(Tertullianus, c. 155-c. 220)에 의해서 처음 사용되었다. 신앙의 규칙이라는 말은 세 가지 의미로 사용되었다. 첫째, 신앙의 표준(A standard of Faith). 둘째, 세례 입문의 기초가 되는 내용. 셋째, 성경 해석을 위한 안내서의 의미 등이다. 이러한 규정들은 이단들에 대하여 바른 신앙을 변호하는 신학적인 역할을 했다. 박용규, 『초대교회사』 (서울: 한국기독교사 연구소, 2018). 219-221.

그러나 중세교회 시대에는 신앙의 형식이 매우 강조되다가 급기야는 그 내용까지 왜곡하게 되는 상황에 이르게 되었습니다. 그리하여 16세기의 종교개혁을 통하여 바른 신앙이 회복되기 시작했습니다. 종교개혁자들은 왜곡된 신앙을 바로잡고자 목숨을 걸고 개혁에 매진했고 그렇게 회복된 바른 신앙을 교회에서 가르치기 위하여 교리문답서를 작성하는 데 심혈을 기울였습니다.

마르틴 루터(Martin Luther, 1483-1546)와 존 칼빈(John Calvin, 1509-1564) 등이 교리문답서를 저술하여 교회에서 사용하였고, 올레비아누스(Casper Olevianus, 1536-1587)와 우르시누스(Zacharius Ursinus, 1534-1583)에 의하여 하이델베르크 교리문답(Heideberg Catechism)이 작성되었고 이후 종교개혁의 신앙을 받아들인 많은 목회자가 교리문답서를 저술하여 자신들의 교회에서 활용하곤 했습니다.

그로부터 한 세기가 지난 후인 1643년 7월 1일에 영국 의회의 요청으로 웨스트민스터 총회에 모인 신학자들도 4년 여의 회의를 통하여 영국교회를 바른 신앙 위에 세우기 위한 신학적인 문서들을 작성했습니다. 그런데 그들은 이 문서들을 작성함에서 신앙의 표준을 오직 성경에만 두고자 했습니다. 그들은 오직 성경을 근거로 하여 신앙을 이해하고 설명하고자 했습니다.

그 결과 성경적인 신앙의 대의로서 '신앙고백'(Confession of Faith)을 작성했고, 그것을 교회에서 효과적으로 가르치기 위하여 '대교리문답'(The Larger Catechism)과 '소교리문답'(The Shorter Catechism)을 작성했으며 성경적인 예배를 위한 지침으로 '예배 모범'(The Directory for Public Worship) 그리고 바른 교회의 조직과 정치를 위한 '장로교회적 교회 정부 형태'(The Form of Presbyterian Church Government) 등 5개의 문서를 내놓았습니다.

이 문서들은 일반적으로 '웨스트민스터 표준문서'(The Westminster Standards)라고 불립니다. 그것은 이 문서들이 기독교 신앙의 대의에 대한 표준이 된다는 의미인데, 그중에서 신앙고백과 대·소요리문답은 완전하지는 않지만 성경적인 기독교 신앙을 설명하는 데 있어서 역사상 최고의 문서들로 인정되어 왔습니다. 그러므로 기독교 신앙을 바르게 이해하고자 하는 사람은 웨스트민스터 문서들의 내용을 잘 살펴 공부하고 받아들임으로 성경적 신앙의 온전한 체계를 확립할 수 있을 것이었습니다.

웨스트민스터 표준문서들은 가장 먼저 스코틀랜드 장로교회에서 승인되어 사용된 이후 개혁신앙을 견지하는 교회들에서 승인되어 활용되어 왔습니다. 이러한 모습은 현재 우리나라에서 개혁신앙을 선언하고 있는 주요 장로교 교단들에서도 동일합니다. 대표적으로 대한예수교장로회 합동과 통합, 고신 그리고 합신 같은 교단들이 웨스트민스터 표준문서를 신앙의 표준으로 인정하여 사용하고 있습니다.[2] 합동 교단의 『헌법』에는 '12신조'와 더불어 웨스트민스터 표준문서 중 두 개의 교리문답이 '성경 소요리문답', '성경 대요리문답'이 신앙의 표준으로 제시되어 있고 '신앙고백'은 '신도게요'라는 제목으로 부록으로 수록되어 있습니다.

그뿐 아니라 『헌법』의 '정치' 부분에서는 목회자 임직 시에 이에 대하여 서약하라고 요구하고 있습니다. 먼저, 강도사 서약과 관련하여 14장 6조 1항에서 이렇게 묻습니다.

---

2 한국의 장로교회 가운데에 합신의 헌법은 웨스트민스터 신앙고백과 대교리문답과 소교리문답을 1647년의 내용을 담고 있다. 하지만 통합의 헌법은 웨스트민스터 신앙고백과 소교리문답만 '요리문답'이라는 제목으로 있는데, 신앙고백은 뒷부분에 1842년의 미국 남장로회와 1903년 북장로회가 첨가한 내용을 포함하고 있고 소교리문답은 원래의 내용을 그대로 담고 있다. 한국 기독교장로회의 헌법은 1972년에 자체적으로 제정한 신앙고백서를 담고 있고 요리문답도 웨스트민스터 소교리문답을 참고해서 자체적으로 작성한 것을 담고 있다.

"신구약 성경은 하나님의 말씀이요 신앙과 행위에 대하여 정확 무오한 유일한 법칙으로 믿느뇨?"

그리고 이어지는 2항에서 이렇게 묻습니다. "장로회 신조와 웨스트민스터 신도게요 및 대·소 요리문답은 신구약 성경의 교훈한 도리를 총괄한 것으로 알고 성실한 마음으로 받아 자기의 사용할 것으로 승낙하느뇨?"

이러한 내용은 제15장 제10조 1항과 2항의 목사 임직의 서약에 관한 질문에서 동일하고 제13장 제3조 1, 2항의 장로와 안수집사의 임직 서약에 동일합니다.[3] 이러한 내용은 합동 교단이 웨스트민스터 표준문서들을 신앙의 표준으로 삼고 있음을 분명히 한 것입니다. 그러므로 바른 신앙과 신학을 이해하고 실천함에서 웨스트민스터 소교리문답을 공부하는 것이 장로교회의 구성원으로서 매우 본질적인 동시에 유익한 일이라고 할 수 있습니다.

그러나 웨스트민스터 소교리문답을 공부해야 하는 더 중요한 이유가 있습니다. 그것은 소교리문답이 바른 신앙에 따른 바른 삶, 즉 거룩한 생활에 대한 현실적 고민과 성경적 해답을 제시하고 있기 때문입니다. 이 또한 교회의 역사적 맥락과 깊은 관련이 있습니다.

16세기의 종교개혁의 핵심은 하나님 앞에 의롭다 함을 얻는 칭의 교리에 있었습니다. 인간의 행위가 아니라 하나님의 은혜로 말미암아 믿음으로 의롭게 된다는 성경의 가르침에 개혁자들은 생명과 삶을 걸었고 그 결과 자유롭게 성경의 진리를 설교하고 가르칠 수 있는 교회를 이룩할 수 있었습니다. 그로부터 한 세기가 지난 17세기 교회의 가장 큰 관심은 성화(聖化, sanctification) 교리였습니다.[4]

---

3 대한예수교장로회 총회, 『헌법』(서울: 대한예수교장로회 총회 출판부, 2019), 179, 182-183, 176.
4 개혁주의 신앙은 하나님의 은혜로 믿음으로 말미암은 구원을 일련의 과정으로 설명한

즉, 믿음으로 의롭게 된 성도들이 어떻게 삶에서 신자로서의 바른 삶을 살아갈 수 있느냐 하는 것이었습니다. 그것은 당시의 교회에 출석하는 사람들의 삶이 여전히 세속적인 양상을 보이고 있었기 때문입니다. 그래서 17세기 신학자들과 목회자들은 성도의 거룩한 삶에 관한 교리, 즉 성화의 교리에 깊은 관심을 두게 되었습니다. 당연히 웨스트민스터 총회에 참석한 목회자들도 이 교리의 확립과 실천이 매우 중요하고도 시급함을 인식하고 있었습니다.

그리하여 그들은 성화에 대한 바른 이해를 웨스트민스터 총회에서 작성된 표준문서들을 통해 제시하고 실천하도록 했습니다. 그리고 그 내용을 교회에서 즉각적으로 가르쳐지고 활용되도록 작성된 소교리문답에 담아냈습니다.

하지만 성도의 거룩한 삶을 위한 교본, 혹은 교과서로 활용되도록 한 이 부분은 오랫동안 간과된 것 같습니다. 왜냐하면, 일반적으로 소교리문답의 목적을 우리 신앙의 도리에 대한 교리를 가르치고 배우는 것으로 한정적으로 이해했기 때문입니다. 그러나 소교리문답의 신학적이고 구조적인

다. 즉, 소명, 중생, 회심, 믿음, 칭의, 양자 됨, 성화, 성도의 견인, 영화의 9단계로 설명한다. 이것들은 그리스도께서 이루신 구원이 신자에게 적용되는 것에 대한 논리적인 설명이다. 시간상으로 보자면, 소명으로부터 양자 됨까지는 한 번에 일어나는 것이고 마지막의 영화는 이 땅에서 이루어지는 것이 아니고 죽은 다음에 이루어진다. 그러나 성화는 신자의 삶에서 평생토록 지속하는 과정이다. 이 교리를 간략하게 설명하자면 성화란 그리스도 안에서 우리를 의롭다고 선포하신 하나님께서 실제로 우리를 의롭게 빚으시는 과정이라고 말할 수 있는데 그 핵심은 거룩함이다. 믿는 자들을 거룩하게 변화시키시는 것은 중생과 함께 시작되는데 이를 결정적인 성화(definitive sanctification)라 하고, 이후 신자의 평생에 걸쳐서 거룩하게 되는 과정을 점진적 성화(progressive sanctification)라고 한다. 히 10:14는 성화의 두 측면을 분명히 보여준다. 일반적으로 성화의 교리에서 주로 다루는 것은 점진적인 성화이다. 존 프레임, 김진운 역, 『존 프레임의 조직신학』(서울: 부흥과개혁사, 2019), 1000-1012. 폴 트립, 『교리와 삶은 하나입니다』, 윤종석 역 (서울: 도서출판 디모데, 2023), 380-382.

측면을 살펴볼 때 성도의 성화에 관한 관심이 분명히 드러나고 그 실제적인 방안들을 제시하고 있음이 분명하게 드러납니다. 이에 대한 재발견과 강조가 본서가 갖는 중요한 의미요 역할이라고 할 수 있습니다.

더욱이 우리나라 교회의 역사가 150년이 되어가는 현재 상황에서 '삶에서 믿음'의 문제는 매우 중요한 주제요 이슈가 되고 있습니다. 바르게 믿고 있다면 바르게 살아가는 것이 당연합니다. 그러나 믿음과 삶이 나뉘고 그 간격이 너무 커진 지금, 교회와 성도들은 위기를 느끼고 있습니다. 물론 현재의 위기에 대한 근본적인 성찰과 숙고가 계속되고 있고 이에 대한 다양한 대안들이 제시되고 있는 것은 다행한 일입니다.

하지만 거룩한 삶에 관한 성경적인 원리와 실천을 이해하고 가르치는 것은 상대적으로 빈약한 것 같습니다. 이런 상황에서 소교리문답이 제시하는 거룩한 삶의 모범을 주의 깊게 주목하고 공부하는 것은 한국 교회의 현실에 비추어볼 때 매우 필요하고도 적실한 일이라고 할 수 있습니다.

근래에 들어 청교도적 개혁신학의 토대 위에서 신앙을 이해하고 삶을 살아가야 하는 것에 대한 필요성을 절감하고 웨스트민스터 신앙고백과 두 개의 교리문답들에 대한 관심이 높아가는 것은 매우 반가운 일이라고 할 수 있습니다. 하지만 교리문답과 관련해서는 주로 107개로 되어 있는 소교리문답의 각각의 주제들에 대한 해설에 머무는 경향이 대부분이고 성화에 대한 웨스트민스터 신학자들의 의도와 목적이 간과되고 있는 것은 매우 아쉬운 일입니다.

하지만 웨스트민스터 표준문서들을 바르게 이해하기 위해서는 그 신학적 배경을 살펴보아야 하고 그 토대 위에서 표준문서들을 이해하여야 합니다. 특별히 소교리문답에 대한 전체적인 강조점을 이해함에서 언약신학을 이해하는 것은 그 전제조건이기도 합니다. 그렇게 보면 소교리문답의 하나의 일관되고 전체적인 관점이 보입니다.

그것은 바로 소교리문답이 바른 신앙의 내용을 이해하기 위한 일차적인 목적뿐만 아니라 교회의 성도들을 거룩한 삶으로 이끌기 위한 교육의 방편으로 활용되도록 작성되었다는 것입니다. 사실 이 두 번째 목적이야말로 소교리문답의 실질적인 목적이라고 할 수 있는데, 바로 믿는 사람들의 성화, 곧 거룩한 삶입니다.

필자는 본서를 그리스도인들이 자신들의 삶에서 실제로 거룩한 삶을 살아가기 위한 교범과 검증서로, 소교리문답을 구체적이고 적극적으로 활용하도록 하는 목적으로 저술했습니다. 독자들이 이러한 취지를 이해하고 본서를 읽는다면 소교리문답에 대한 새로운 관점을 이해하고 동의할 뿐 아니라 현실의 삶에서도 매우 유익하게 활용할 수 있으리라고 믿습니다.

본서는 2021년에 개혁주의신학사(P&R)에서 출간된 필자의 졸저 『웨스트민스터 총회의 율법과 성화』를 토대로 하고 있습니다. 이 책을 출간한 후에 필자는 그 내용을 정리하고 발전시켜서 필자가 사역하는 교회를 비롯한 여러 교회에서 12주에 걸친 강의와 토론을 진행한 바 있습니다. 그 이후 많은 분으로부터 강의 내용을 책으로 출간할 것을 권유받았고 조심스러운 마음으로 내어놓게 되었습니다. 교리와 삶의 연결을 고민하는 목회자들에게 본서가 미약하나마 도움이 되기를 바라는 마음입니다.

먼저 성도들에게 본서의 각 장을 읽어오게 한 후에 목회자들이 자세한 해설과 함께 설명한 후 교회의 상황에 따라 다양한 주제로 의견을 나누는 식으로 특강이나 세미나를 진행한다면 유익한 활용이 되리라고 생각합니다.

본서를 집필하는 데 특별한 도움을 받은 다음의 책들을 참고하는 것도 유익할 것입니다. 개혁주의신학사(P&R)에서 출간한 존 M. 프레임의 『기독교 윤리학』(*The Doctrine of Christian Life*)과 부흥과개혁사에서 출간한 조엘 비키와 마크 놀 공저의 『청교도 신학의 모든 것』(*A Puritan Theology*)이 바로 그 책들입니다. 이 외에 본문과 각주에서 소개한 책들도 도움이 될 것입니다.

　본서에 수록된 웨스트민스터 소교리문답의 내용은 필자가 번역한 것을 그대로 사용하였음을 밝힙니다. 기존의 번역본들이 많이 나와 있지만 의역된 부분들이 적지 않아서 원문의 의미에 더욱 충실하기 위하여 필자의 번역을 사용했습니다. 하지만 독자들에게는 시중에 나와 있는 '웨스트민스터 소요리문답' 혹은 '웨스트민스터 소교리문답'의 제목으로 되어있는 다양한 책을 사용하는 것이 도움이 될 것입니다.[5]

　바른 신앙과 바른 삶이 더욱 요구되는 이 시대에 이 책이 작으나마 실제적인 도전과 도움이 되기를 바라는 마음입니다. 또한, 본서와 관련하여 필자와 의견을 나누기를 원하시는 분은 이메일(meizon@hanmail.net)을 보내주시면 성심껏 소통하며 의견을 나누도록 하겠습니다. 끝으로 이 책의 내용을 성도의 관점에서 읽고 더 간결하고 쉬운 문장이 되도록 검토해주실 뿐 아니라 여러 가지 유익한 제안을 해주신 봉천동교회의 진삼열 집사님과 방선영 집사님께 깊은 감사를 드립니다.

　또한, 이 책이 나오기까지 아낌 없는 수고를 아끼지 않으신 개혁주의신학사와 편집부 이경옥 실장님과 이신영 편집자에게 특별한 감사의 말씀을 드립니다.

2023년 12월
봉천동교회 목회실에서

---

[5] 현재 웨스트민스터 소교리문답 또는 소요리문답의 제목으로 시중에 나와 있는 책들은 많이 있다. 그 가운데 익투스 출판사에서 2010년에 출판한 『웨스트민스터 소요리문답서』의 사용을 추천한다. 그 책은 107개의 문항에 대한 증명 성구를 각 문항의 페이지 아래에 제시함으로 성경 구절을 확인할 수 있는 편리함과 더불어 부록으로 1647년에 출판된 소교리문답 영문을 실어놓아서 직접 원문을 대조할 수 있는 유익을 제공한다.

제1장

근본적인 질문 하나: 우리의 목적과 출발점은?

1. 인간 존재의 목적

우리 인간 존재의 목적은 무엇일까요?

이 질문에 대해 생각할 때 우리 자신으로부터 시작하거나 우리가 사는 이 세상으로부터 시작한다면 그에 대한 대답은 결국 모호하게 되고 맙니다. 시작점이 우연이기 때문에 목적이 있을 수 없습니다. 그러므로 사람과 세상으로부터 시작하는 철학자들은 세상과 우리의 존재의 근본적인 목적에 대해서는 특별히 이야기할 것이 없고, 그저 도덕적이고 선하게 사는 것이 우리 자신에게 좋고 세상에 유익하니 그렇게 살아야 할 것이라고 말할 뿐입니다.

그러나 성경은 하나님께서 우리를 세상에 존재하게 하신 이유가 분명하다고 말씀합니다. 가장 먼저 말씀하신 우리의 존재의 목적은 하나님의 창조하신 세상을 다스리는 것입니다(창 1:28). 그런데 그 다스림(dominion)은 우리 각자의 마음과 방식에 따른 것이어서는 안 된다고 성경은 말씀합니다. 그것은 우리가 닮은, 우리의 원형이신 하나님의 형상에 합당한 것이어야 하는데, 의롭고 참되고 거룩한 다스림이어야 합니다(엡 4:24; 골 3:10).

그렇게 우리의 다스림은 하나님의 창조 목적에 부합하는 것이어야 합니다. 역사적으로 볼 때, 한동안 이런 다스림을 인간의 피조세계에 대한 제한 없는 개간과 개발로 이해하고 그에 대한 정당한 권리를 주장하기도 했으나 그것은 성경을 서구 중심적이며 더욱이 제국주의적인 시각으로 왜곡한 것입니다. 오히려 성경적으로 볼 때 이 다스림은 의무로 이해하는 것이 옳습니다. 즉, 하나님의 창조의 선한 뜻이 온전히 드러나는 방식으로 우리가 감당해야 할 책임(responsibility)으로 이해해야 한다는 뜻입니다.

사람이 하나님의 형상에 따라 창조되었다는 성경의 가르침은 우리의 존재의 목적에 대하여 근본적으로 생각하게 합니다. 하나님의 형상을 따라 창조되었다는 이 말만큼 사람을 존엄하게 하는 것이 어디 있을까요?

성경에 따르면, 사람은 출생으로부터 하나님을 닮은 존엄한 존재로 출발합니다. 남녀와 인종과 신분과 상관없이 사람은 존엄한 존재입니다.

그런데 사람의 존엄성을 온전히 이해하고자 한다면 먼저 하나님이 어떤 분이신지를 알아야 합니다. 하나님이야말로 가장 존엄한 분이시기 때문입니다. 그렇기 때문에 하나님을 깊이 알아갈수록 사람을 더 깊이 이해하게 되고 귀하게 여기게 될 것입니다. 반면에 하나님을 알지 못하면 사람에 대한 이해가 부분적이고 얕을 수밖에 없습니다. 하나님의 형상이 아니라면 사람이 특별히 더 존엄한 존재로 불릴 이유가 없습니다.

물질주의적인 존재 이해에 따르면, 존재하는 모든 동물과 식물 그리고 무생물조차 존엄하다고 주장하는 동시에 사람의 존엄성을 특별히 강조하는 것은 모순입니다. 사실 현대인의 비극은 하나님을 알지 못하는 데 있습니다. 하나님을 알지 못하면 모든 존재의 의미를 추구하는 것이 별 의미가 없습니다. 그저 존재하니 존엄하다는 말은 공허합니다. 반면에 성경을 따라 하나님을 깊이 알아갈 때 우리의 존재의 목적과 의미에 대한 이해가 비로소 바르게 자리 잡고 성숙하게 됩니다.

그런데 우리의 목적에 대한 숙고는 언제나 우리의 존재와 관련해서 생각해야 합니다. 즉, 우리 자신의 본연의 모습을 분명하게 드러내는 것이어야 한다는 뜻입니다. 성경은 사람의 존재의 목적을 하나님을 영화롭게 하고(사 43:7; 엡 1:1-3; 고전 10:31) 또한 즐거워하는 것이라고 말합니다(시 73:25-26; 계 4:11).

우리 신앙의 대의를 진술하고 그것을 가르치기 위한 문서들을 작성하기 위하여 1643년부터 1647년까지 영국 웨스트민스터 예배당에 모인 목회자와 신학자 회의(The Westminster Assembly)는 이것을 분명히 이해하고 있었습니다. 그래서 그들은 회의에서 작성한 두 개의 교리문답인 '대교리문답'(The Larger Catechism)과 '소교리문답'(The Shorter Catechism)에서 이 주제를 가장 먼저 다루었습니다.

문: 사람의 최고의 목적은 무엇인가?(What is the chief end of man?)
답: 사람의 최고의 목적은 하나님을 영화롭게 하고 영원토록 그를 즐거워하는 것이다(Man's chief end is to glorify God and to enjoy Him forever).

하나님을 영화롭게 한다는 것은 사람이 하나님의 의를 알고, 하나님의 진리를 이해하며 하나님의 거룩하심을 존재적으로 온전히 드러내는 것을 의미합니다. 성경에서 '영광'(히 kabot, 헬 doxa)이라는 말의 기본 의미는 '무겁다'입니다. 그러므로 하나님을 영화롭게 한다는 말은 하나님을 무겁게 생각한다는 뜻입니다. 하나님의 의와 참되심과 거룩하심을 가장 무겁게 생각하고 그렇게 행동하여 하나님을 높이는 것을 의미합니다. 보다 단순하게 말하면 하나님을 영화롭게 한다는 것은 자기 마음 깊은 곳으로부터 하나님을 우러러 경외하고 찬양하는 것에 전심을 쏟는 것을 말합니다.

그럴 때 우리는 가장 깊은 존재의 즐거움, 마음의 기쁨을 경험합니다. 우리는 하나님을 무겁게 생각하고 행동함으로써 하나님을 즐거워하게(to enjoy) 되는데 이것이 또한 우리의 최고의 목적입니다. '즐거워하다'(to enjoy)라는 말은 하나님과의 복된 관계를 설명하는 신학적인 용어 '향유'(享有, frui)의 영어식 표현입니다. 그 말은 우리의 신앙의 대상이신 하나님을 만족하면서 그 안에서 안식(sabbath, rest)을 경험하는 것을 뜻합니다. 즐거워하는 것과 대조되는 것은 '사용'(使用, uti/to use)인데 이는 하나님을 수단과 방법으로 이용하는 것을 의미합니다.[6]

그런 의미에서 하나님을 즐거워한다는 말은 하나님을 자신의 유익과 목적을 위한 방편으로 삼지 않고 하나님 안에서 진정한 만족을 누리며 그 안에서 평안한 쉼을 경험하는 것을 의미합니다. 그러한 즐거움은 마음 깊은 곳에서 샘물처럼 솟아나는 것으로, 하나님과 깊은 교제 안에서 솟아나는 기쁨을 의미합니다. 그것은 바로 예수님께서 말씀하신 기쁨입니다(요 15:11).

따라서 하나님을 영화롭게 하는 것과 즐거워하는 것이 분리된 것이 아닙니다. 우리가 하나님을 온전히 인식하고 최고의 가치로 여겨 가장 진지하고 무겁게 생각할 때만 진정으로 영혼의 즐거움을 경험하게 되기 때문입니다. 이것은 자녀가 나이를 먹고 성숙해갈수록 부모의 마음을 헤아리고 부모를 기쁘게 할 때 본인도 최고의 기쁨을 경험하는 것과 비슷합니다.

---

[6] 하나님과의 관계를 향유와 이용으로 설명한 대표적인 사람은 5세기의 신학자 아우구스티누스(Augustinus, 354-430)이다. 그는 하나님의 도성에서 이렇게 말한다. "선한 사람들은 하나님을 즐기기 위해 세상을 이용하지만, 악인들은 반대로 세상을 즐기기 위해서 하나님을 이용하려 한다." 아우구스티누스, 『하나님의 도성』, 조효연, 김종흡 역, (고양: 크리스찬 다이제스트, 2014), 707.

그렇기 때문에 우리의 존재와 삶의 영광과 즐거움에 있어서 언제나 하나님으로부터 시작하는 것이 중요합니다. 하나님에 대한 우리 믿음은 우리의 존재 깊은 곳에 자리 잡고 있습니다. 신앙의 자리, 좌소(座所)는 우리의 영혼, 즉 우리의 마음입니다. 하지만 우리의 믿음이 우리의 존재에서부터 차오르는 것이 아니라 우리의 행동이나 활동으로써 성장하고 성숙하는 것으로 오해하는 것은 심히 안타까운 일입니다.

  성경에서 가르치는 우리의 존재의 목적을 바르게 이해하지 못하는 까닭에 우리의 믿음과 삶이 진정한 만족과 기쁨을 잃어버리게 됩니다. 그러므로 우리는 언제나 우리 자신의 마음에서, 하나님으로부터 시작해야 합니다. 우리의 존재의 목적은 하나님을 최고로 무겁게, 최고로 가치 있게 생각하고 그렇게 살아가는 것입니다. 그러면 우리의 기쁨은 고갈되지 않을 것이기 때문입니다.

2. 우리의 출발점

  그렇다면 우리는 어떻게 이 목적을 이해하고 실천할 수 있습니까?
  무엇을 출발점으로 삼아야 할까요?
  당연히 성경으로부터 출발해야 합니다. 이를 위하여 성경을 읽고 공부하는 것은 당연합니다. 그런데 성경을 창세기부터 순서대로 읽어가는 것이 언제나 가장 좋은 방법은 아닙니다. 성경의 중심되는 가르침을 이해하고자 성경을 읽는 것이 매우 중요하고 그렇게 하기 위한 세심한 성경연구가 필요합니다. 그렇게 하는 데에는 일반적으로 두 가지의 방법이 사용됩니다.

첫째, 귀납법(induction)으로 개별적인 상황(현실)에서 출발하여 증거를 축적하는 과정을 거쳐 보편적인 진리에 이르는 방법입니다. 즉, 성경의 개별적인 본문들을 연구함으로 성경의 보편적인 진리를 이해하는 방법입니다.

둘째, 연역법(deduction)으로 보편적인 진리(원리)에서 출발하여 개별적인 사실로 나아가며 진리를 확인하고 적용하는 방법입니다. 즉, 성경이 진리임을 전제로 하여 성경의 각각 본문을 통하여 그것을 확인하는 방법입니다.

현대에 들어서 일반적으로 통용되는 학습법은 귀납법입니다. 이 방법은 학습자들이 능동적으로 참여하게 하여 공부하는 내용에 대한 관심과 흥미를 이끌어냅니다. 그래서 성경을 공부하는 데도 귀납법적인 연구 방법이 많이 사용되고 있습니다. 하지만 이렇게 개별적인 현실로부터 출발하여 보편으로 나아가다 보면 종종 자신이 중심이 되고 그에 따른 해결책을 추구하는 경향이 생깁니다. 편협한 주관화와 일반화의 오류에 빠질 위험이 있습니다. 이러한 경향이 성경을 공부할 때에 자주 드러나곤 합니다. 그러면 종종 자의적이고 주관적인 이해와 결론에 이르러서 자신의 결론이 성경의 전체적인 맥락인 양 오해하는 일이 종종 발생할 수 있습니다.

이런 위험으로부터 벗어나기 위해서 연역적인 방법으로 성경을 공부하는 것이 더 유익할 때가 있습니다. 특별히 성경의 커다란 중심주제와 그 흐름을 이해하는데 있어서 그렇습니다. 오랫동안 성경을 깊이 연구한 사람들의 결과와 그에 대한 검증을 통과하여 역사적으로 축적된 성경의 객관적인 진리를 우리의 출발점을 삼는 것은 안전하고 더욱 풍성한 유익을 누릴 수 있는 방법입니다.

이러한 연구방법은 성경의 내용이 자명하고 확실한 진리를 선언하고 가르치고 있음을 받아들이는 것에서 출발합니다. 그렇게 성경의 전체적인 설명에 귀 기울일 때 우리 자신의 개별적인 질문들과 문제들에 대한 온전한 이해와 답을 찾아가는 유익을 얻을 수 있습니다. 웨스트민스터 소교리문답은 이런 이유로 성경의 다양한 주제들을 다루기 전에 먼저 성경 자체에 대해 다룹니다.

문 2: 하나님께서 무슨 규칙을 우리에게 주셔서 우리가 하나님을 영화롭게 하고 즐거워할 수 있게 하셨는가?
답 2: 신구약의 성경에 담겨 있는 하나님의 말씀은 우리가 하나님을 영화롭게 하고 즐거워할 수 있는지를 지도하는 '유일한 법칙'(the only rule)이다.

문 3: 성경이 주요하게 가르치는 것은 무엇인가?
답 3: 성경이 주요하게 가르치는 것은 사람이 하나님에 대하여 믿어야 할 것(to believe concerning God)과 하나님께서 우리에게 요구하시는 의무(duty God requires of man)이다.

이 두 개의 문답이 강조하는 것은 하나님을 영화롭게 하고 즐거워하는 방법은 성경을 통해서 알 수 있다는 것입니다. 성경이 그것을 아는 유일하고 참된 법칙이라는 것입니다. 그리고 성경이 주로 가르치는 것은 두 가지인데, 그 하나는 하나님을 어떻게 믿어야 하는지를 알게 하는 것이고 다른 하나는 하나님이 우리에게 요구하시는 의무가 무엇인지를 알게 하는 것입니다.

성경적으로 믿는 것이 바른 믿음입니다. 성경이야말로 다양한 믿음 가운데 그 참됨, 진정성(authenticity)에 대한 유일한 기준입니다. 그리고 성경은 하나님께서 우리에게 요구하시는(require) 것이 있음을 알게 하고 그것을 행하는 근거가 됩니다. 그럴 때 하나님을 영화롭게 하고 즐거워하는 우리의 존재의 목적이 실현됩니다.

이를 위해서는 성경의 분명한 의도와 목적이 있음을 유념해야 하는데, 무엇보다도 그것은 성경이 하나님의 말씀이라는 데서 출발합니다.

> 모든 성경은 하나님의 감동으로 된 것으로 교훈과 책망과 바르게 함과 의로 교육하기에 유익하니 이는 하나님의 사람으로 온전하게 하며 모든 선한 일을 행할 능력을 갖추게 하려 함이라(딤후 3:16–17).

사실 구약성경에는 하나님의 말씀을 기록했다는 표현이 3,800번 이상 나옵니다. 이것이 성경의 일관된 내적 주장입니다. 그리고 성경의 신뢰성에 대한 외적인 증거는 성경 본문의 단일함으로 확인됩니다. 고대 서양의 문헌들인 리비우스(Livius, ?-17 AD)의 『로마사』(The History of Rome)와 헤로도투스(Herodotus)의 『역사』(The Histories)는 15개의 사본이 현존합니다. 또한, 율리우스 카이사르(Julius Caesar, 100-44 BC)의 『갈리아 전쟁기』(The Conquest of Gaul)는 10개이고, 플라톤(Platon, 428/427 또는 424/423-348/347 BC)의 『크리톤』(Criton)과 『파이돈』(Phaedon)은 6개, 호머(Homer, 927 BC-?)의 『일리아드』(Iliad)는 190개의 사본이 존재합니다.[7]

그에 비해 신약은 5,500개의 그리스어 사본과 10,000개의 라틴어 사본이 존재하는데 사본 상의 차이는 거의 없습니다. 이것은 성경 본문이 얼마나 신뢰할 만한 것인지를 보여줍니다. 성경은 그렇게 스스로 진정성을 증명합니다.

성경은 하나님이 하신 일에 대한 기록입니다. 하나님이 계획하시고 실

---

[7] 클린턴 E. 아놀드, 제프 아놀드, 『기독교 신앙에 대한 난감한 질문 명쾌한 대답』, 김진선 역 (서울: 도서출판 디모데, 2018), 46.

행하여 이루신 일들과 이루실 일에 대한 책입니다. 그리고 성경은 언제나 하나님으로부터 출발합니다. 세계가 시작되기 전에 하나님이 계셨습니다(창 1:1; 요 1:1). 그리고 세계와 우주는 하나님에 의하여 새롭게 될 것입니다(계 21:5). 그러므로 우리는 언제나 하나님으로부터 시작해야 합니다. 그래야 모든 것에 대한 온전한 진리에 이르게 됩니다.

현대인의 문제는 하나님으로부터 시작하지 않고 사람으로부터 시작하는 데 있습니다. 자기 자신으로부터 출발하거나 세상으로부터 출발합니다. 그러나 사람이나 세상에 대한 이해가 사람마다 다 다르므로 참된 진리에 이를 수 없습니다. 그저 다양성을 인정하고 서로 존중하는 것이 최선의 미덕이 될 뿐입니다. 그렇다고 해서 사람의 문제나 세상의 문제가 근본적으로 해결되는 것은 아닙니다. 언제나 미봉책에 머무를 뿐입니다.

그러나 하나님으로부터 시작하면 사람과 세상의 설계도(blue print) 혹은 이상(理想)이 무엇인지를 알게 되고, 하나님의 의도와 목적을 알게 됩니다. 그러면 우리의 문제의 실상을 알게 되고 해결의 실마리를 갖게 됩니다. 최소한 각자의 마음과 삶에서 일어나는 의문들이 해소되기 시작하고 기쁜 마음으로 살아갈 힘을 얻게 됩니다.

우리 각자의 현실적인 문제들과 어려움에 대한 해결책을 찾는 공부도 필요하고 유익합니다. 그러나 하나님의 말씀인 성경이 말씀하는 바, 전체적이고 근본적인 우리의 존재와 실상에 대한 이해가 근본적이고 실제적인 방책입니다. 그것은 증상을 개선하는 것보다 원인을 찾아서 해결하는 것이 실질적인 치료인 것과 같습니다. 우리의 존재의 목적을 바르게 이해하고 그 실제적인 실천 방법을 성경으로부터 배움으로써 우리는 하나님과 복된 교제에 한 걸음 더 나아가게 될 것입니다.

함께 생각해 보기

1. 우리의 존재 목적이 하나님이라고 한다면 우리 자신을 수단으로 전락시키는 것은 아닌지 이야기 나누어보십시오.

2. 사람들이 하나님으로부터 시작하지 않는 이유가 무엇인지 이야기 나누어보십시오.

제2장

성경을 이해하는 주요 관점들

　성경은 66개의 책으로 되어있고, 다양한 일을 하던 40여 명의 사람들에 의하여 약 1,500년 동안 기록되었습니다. 그 장르와 내용도 다양합니다. 율법과 역사와 시 그리고 예언과 복음서와 편지들이 있습니다. 성경의 각 책 중 어떤 책도 이 모든 장르를 다 담고 있지는 않습니다만 성경은 한 가지 사실에 대하여 일관되게 말합니다. 하나님이 세계와 사람과 역사에 대하여 주권적으로 권세를 행하신다는 것입니다.

　성경의 이야기는 신화가 아닙니다. 성경의 맥락(context)은 역사입니다. 성경은 실제의 시간과 공간에서 발생한 이야기들을, 실제로 일하시는 하나님의 활동으로 기록하고 있습니다. 비록 다양한 인물들의 복잡한 이야기들이 있을지라도 그 중심에는 하나님이 있습니다. 하나님이 보고 계시고 구원하시고 또한 심판하신다는 것을 한결같이 말합니다.

1. 세 가지 관점

　이러한 성경의 다양한 이야기를 이해하는 중요한 관점이 셋 있는데, 언약과 하나님 나라와 하나님의 가족입니다. 이 세 가지 관점은 성경의 첫 책에서부터 마지막 책까지 모두 드러납니다. 그러므로 이 세 가지 관점으로 성경을 보는 것은 성경을 이해하는 데 있어서 중요하고 또 유익합니다. 그렇게 하는 것은 또한 성경의 구조, 뼈대를 바르게 이해하는 길이기도 합니다.

　성경을 읽고 자의적으로 이해할 위험은 언제나, 누구에게나 있습니다. 물론 성경을 읽고 자신의 이해를 주장하는 것은 자유입니다. 그러나 그것이 정말 그런지 객관적으로 검증을 받는 것 또한 필수적입니다. 하지만 적지 않은 사람들이 자신의 주관적인 성경 이해에 대한 객관적 검증을 거부함으로 이단과 사이비로 흐릅니다. 직접 계시를 주장하거나, 그와 유사하게 특별한 은혜를 주장하면서 성경 해석의 독단적 권위를 주장하는 사람들이 바로 그런 사람들입니다.

　중심주제에 따라 성경을 이해하는 것은 성경을 전체적으로 이해하는 데 매우 도움이 됩니다. 그것은 마치 거대한 산의 식물 분포를 이해하기 위하여 오랫동안 그 산을 탐사한 사람들에 의하여 만들어진 식물원을 둘러보는 것과 같습니다. 식물원에 가서 그 산의 식물의 종류와 분포, 계절에 따른 변화와 특징 등에 대하여 살펴본 후에 직접 산으로 들어가서 식물을 살펴본다면 훨씬 더 효율적이고 바르게 그 산의 식물들에 대하여 알 수 있게 될 것입니다.

　그러나 어떤 사람이 자기 혼자 그 일을 다 하려고 한다면 가능하기는 하지만 매우 오랜 세월이 걸릴 것이고 현실적으로 이루어질 가능성은 적습니다. 그리고 부분적으로 옳기는 하지만 그 산 전체를 설명하는 데는 미치지 못하는 경우가 대부분일 것입니다.

이처럼, 성경을 이해하는데 있어서 오랫동안 많은 사람이 읽고 연구하고 검증된 내용에 따라 성경을 이해하는 것은 성경 전체와 각 책의 내용을 이해하는 데 매우 중요합니다. 성경의 세 가지 중심 내용은 다음과 같이 표시할 수 있습니다.[8]

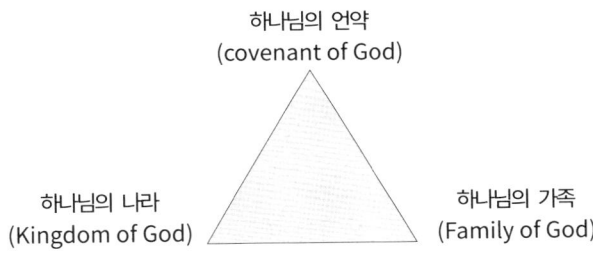

이 세 가지 범주는 하나님의 주권을 성경의 핵심 사상으로 이해하게 하는 중요한 관점입니다. 먼저 하나님의 언약은 규범적 관점(The Normative Perspective)으로 성경을 보는 것이고, 하나님의 나라는 상황적 관점(The Situational Perspective)으로 보는 것이며, 하나님의 가족은 실존적인 관점(The Existential Perspective)으로 성경을 보는 것입니다.

첫째, 규범적 관점으로 성경을 본다는 것은, '하나님의 말씀이 나에게 하라고 명하시는 것은 무엇인가?'를 이해하는 것이라고 할 수 있습니다.

---

[8] 성경의 중심주제에 대한 세 가지 관점은 미국의 대표적인 개혁신학자인 존 프레임의 설명을 따른 것이고 삼각형 도표도 그가 사용한 것을 따른 것이다. 존 프레임, 『조직신학』, 김진운 역(서울: 부흥과 개혁사, 2017), 88

이것은 성경이 우리의 선택과 결정을 이끌어내기 위한 토대가 되는 기준(The Norm), 또는 표준(The Standard)이 된다는 뜻입니다. 그것이 가능한 이유는 성경이 하나님의 계시이기 때문입니다. 물론 성경 이외의 다른 방법으로 하나님의 뜻이 드러날 때도 있습니다만 그것들은 오직 성경을 비추어서 이해할 때야만 바르고 온전한 의미가 드러나게 됩니다. 그런 의미에서 성경은 우리의 모든 이해와 판단과 결정에 있어서의 기준이고 표준입입니다.

이것은 근본적으로 하나님께서 규범적이시라는 것을 의미합니다. 즉, 하나님 자신이 사람의 모든 존재와 행위에 있어서 최종 근거와 권위가 되신다는 것인데, 하나님은 자신의 말씀인 성경을 통해서 그것을 드러내신다는 뜻입니다. 그런 의미에서 성경은 모든 것들에 대한 우리의 규범, 즉 기준입니다. 예를 들자면, '이 문제를 해결하는데 있어서 성경은 어떻게 말하는가?'라고 묻는 것을 의미합니다. 보다 자세한 논의는 하나님의 율법(The Law of God)을 다루는 언약에 대한 부분에서 자세히 설명하겠습니다.

둘째, 상황적 관점으로 성경을 이해한다는 것은 '우리가 하나님께 영광을 돌리기 위하여 어떻게 세상을 변화시킬 것인가?'라는 질문으로 성경에 다가가는 것을 의미합니다. 그것은 하나님은 그 주권을 역사적 상황과 맥락(historical context)에서 행하시기 때문이고 그 가운데서 하나님 나라의 역사의 역동적인 움직임을 볼 수 있기 때문입니다.

이 상황적 관점에서 중요한 것은 다스림(Dominion)이라는 주권적 속성을 깊이 숙고하는 것이고 그 성취를 위한 수단과 방편에 세심한 관심을 기울이는 것입니다. 그렇게 함으로써 우리는 삶의 환경과 여건들을 고려하면서 그 가운데서 어떻게 하나님의 주권적 다스림이 나타나도록 할 것인가를 추구하게 됩니다. 실제적으로는 '하나님을 기쁘시게 하기 위하여,

현재의 상황에서 내가 할 일은 무엇이며 어떻게 해야 할 것인가?'라고 생각하는 것입니다.

셋째, 실존적 관점에서 성경을 이해한다는 것은 '하나님을 기쁘게 하기 위해서 나는 어떻게 변화되어야 하는가?'를 묻는 것으로서, 우리의 실제의 삶의 자리에서 성경을 이해하는 것을 의미합니다. 이것은 언제나 우리의 삶의 실상을 하나님과 우리의 관계에서 보는 것을 의미합니다. 즉, 성경을 그리스도 안에서 하나님의 자녀가 된 우리가 어떻게 행동해야 할 것인지를 가르치는 것으로 이해하는 것으로, '하나님의 자녀로서 온전한 삶을 살아가기 위하여 내게 일어나야 할 변화는 무엇인가?'라고 묻고 생각하는 것입니다.

이러한 세 관점 중에서 여기서는 두 번째와 세 번째 관점인 하나님의 나라와 하나님의 가족에 대하여 자세히 살펴보기로 합니다. 언약에 대해서는 3-5장에서 상세히 설명할 것입니다.

2. 하나님의 나라

> "하나님의 나라란 하나님이 단순히 최고이실 뿐 아니라 초자연적으로 모든 적대세력에 대해 자신의 주권을 수행하시고 인간이 이러한 사실을 기꺼이 인정하는 곳에 존재한다."
> 게할더스 보스(Geerhardus Vos, 1862-1949)

하나님의 나라란 아담의 타락 이후로부터 계속되는 세계 역사에서 드러나는 하나님의 구원의 사역과 그로 말미암아 나타나는 하나님의 다스림을 의미합니다. 하나님의 나라 안에서 하나님은 사탄을 패퇴시키십니다. 동시에 그리스도를 주(主)로 인정하도록 하십니다. 하나님은 이 모든 것을 구원의 역사에서 분명하게 드러내셨습니다. 하나님은 그것을 인류의 오랜 역사과정 속에서 펼치셨는데 그 중심에는 성자(聖子)이신 예수 그리스도의 성육신이 있습니다. 예수 그리스도 안에서 하나님의 나라는 이미(already) 현존하며, 그의 다시 오심으로 완성될 것입니다(not yet).

역사 속에서 하나님 나라가 이중적으로 도래하는 것으로 이해하는 것은 성경의 가르침에서 분명히 드러나는데, '이 세상'과 '오는 세상'이라는 표현이 바로 그것입니다. 이 세상은 현재 인류가 사는 시대이며 그리스도의 다시 오심과 심판으로 끝이 날 세상입니다. 이 시대는 신자들에게 자주 유혹의 근원이 됩니다. 그러나 오는 세상에서는 하나님의 모든 약속이 성취될 것입니다. 그때에 그리스도인들은 완전한 의미에서의 영생을 소유할 것입니다(막 10:30).

하지만 오는 세상은 이미 신자들에게 경험됩니다. 예수님이 계신 곳이 바로 하나님의 나라이기 때문입니다(눅 17:21). 예수님이 십자가에서 운명하셨을 때 성전의 성소와 지성소를 구분하는 휘장이 찢어진 것은 바로 예수 그리스도가 하나님께로 나아가는 길이 되셨음을 입증하는 것입니다(눅 23:45; 히 9:8-9). 또한, 예수님의 승천 후 성령께서 강림하신 오순절 사건은 마지막 날이 이미 시작되었음을 선포하는 것이었습니다(행 2:17).

그러나 의인의 부활과 불의한 자들의 육체적 부활과 같은 성경의 몇몇 약속과 기대는 아직 성취되지 않았습니다. 그것은 그리스도의 재림과 최후 심판 때에 성취될 것입니다. 우리가 살고 있는 현재는 아직 중간시대로서 죄와 저주가 땅에서 지속되고 있는 말세, 마지막 때로 불립니다. 이 마지막 때는 거짓 가르침이 넘쳐나고, 양심에 화인 맞은 사람들이 교리의 순수함을 더럽힘으로써 하나님의 백성의 거룩함을 무너뜨리려고 온갖 악한 행위들을 자행하는 것을 특징으로 합니다. 그래서 마지막 때를 살아가는 그리스도인들은 박해를 받을 것입니다(딤후 3:12). 그런 측면에서 볼 때 우리가 살아가고 있는 지금은 최종적 종말을 어느 정도 경험하는 반(半) 종말적(semi-eschatological)인 경향을 띄고 있습니다.⁹

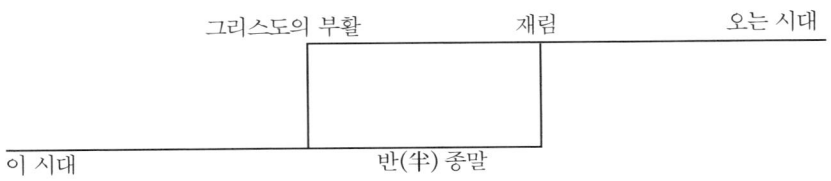

반(半) 종말 시대에 우리의 구원은 그리스도 안에서 완성되었지만 그리스도의 재림까지 죄가 완전히 제거되지는 않을 것입니다. 다른 말로 하면 구원이 이미 주어졌지만 아직 완성되지 않았다는 뜻입니다. 그리스도께서 모든 권세를 가지고 계시지만 사탄도 아직 일부의 힘을 가지고 있습니다. 그래서 우리는 확신 가운데 하나님의 권능과 사랑을 의지할 수 있지만 그 과정에는 위험도 존재합니다.

또한, 우리는 죄에 대하여 죽었고 그리스도 안에서 의에 대해 살았지만(롬 6장), 땅에 있는 지체를 죽이라는 명령을 따라야 합니다(골 3:5). 전체적인 전쟁에서는 분명히 승리했지만 아직 국지적인 전투가 계속되고 있습니다. 이러한 긴장은 하나님의 주권과 인간의 책임에 대한 관계로 설명될 수 있습니다.

하나님 나라는 본질적으로 왕의 오심입니다. '왕'에 해당하는 히브리

---

9 이 도표는 게할더스 보스가 『바울의 종말론』(*The Pauline Eschatology*)에서 제시한 것인데 여기서는 존 프레임이 『조직신학』에서 간략히 수정한 것을 사용했다. 존 프레임, 『조직신학』, 119.

어와 헬라어는 성경에 2,800번 이상 나옵니다. '여호와께서 영원무궁 하도록 다스리시도다'는 출애굽기 15장 18절을 시작으로 해서 하나님의 왕권에 대한 언급은 성경의 주요 주제입니다. 그리고 하나님의 왕 되심은 전 우주적입니다(출 15:18; 시 22:28; 96-99편; 145편).

하나님은 노아와 아브라함과 이삭 그리고 야곱을 택하셔서 자신의 나라를 진척시키십니다. 이들을 통해서 땅의 모든 나라가 복을 받을 것이고 하나님이 왕이심을 알게 될 것이었습니다. 다윗의 왕권은 이에 대한 가장 분명한 상징입니다. 다윗은 진정한 왕의 도래를 고대합니다(시 110:1). 그리고 예수님은 다윗의 왕권의 실제적인 성취입니다. 실제로 예수님은 '천국이 가까이 왔느니라'고 선포하심으로 사역을 시작하셨습니다(마 4:17; 막 1:15; 눅 4:21).

제자들이 예수 그리스도의 죽음과 부활을 전할 때 그것이 바로 하나님 나라의 복음, 즉 좋은 소식(good news)이라고 선포했습니다(고전 15:1). 복음을 듣고 거듭날 때 사람은 하나님의 나라에 들어갑니다(요 3:3). 그렇게 될 때 하나님의 규범인 율법을 온전히 이해하고 순종하게 됩니다(마 5:17). 그런 의미에서 율법은 하나님 나라의 삶의 기준이 됩니다. 즉, 율법은 신자인 우리의 삶의 방향, 우선성, 순위 등의 상황적 관점에서 표준이 되고 그에 따라 실천됩니다.

따라서 하나님의 율법에 순종하며 살아갈 때에 하나님의 나라는 우리의 삶의 전 영역에서 드러나며 세상은 서서히 그 변화를 목도하게 됩니다. 하나님 나라의 실재를 드러내는 이러한 변화는 특별히 세상의 모든 분야와 방면에서 그리스도인의 사랑의 삶으로 드러나는, '균등하게 되는'(to be equal) 것에서 그 모습을 드러냅니다. 그렇게 하나님 나라는 세상 속에서 점점 더 뚜렷한 실체를 나타냅니다(행 2:45; 고후 8:13).

3. 하나님의 가족

 실존적 관점에서 성경을 이해한다는 것은 현실적인 삶의 다양한 국면 가운데 특별히 윤리적인 면에서 우리가 하나님의 가족임을 숙고하는 것을 뜻합니다. 우리의 실제의 삶의 다양한 양상과 관련해서 항상 먼저 고려해야 할 것은 우리와 관계를 맺으시는 하나님의 우선성입니다. 그 말은 우리의 생활의 실제에서 우리 존재의 원형으로서 참되시고 거룩하시고 의로우신 하나님을 생각하는 것을 의미합니다.
 전체적으로 하나님의 형상은 하나님의 선하심(goodness)에서 나오는 하나님의 인애하심(loving-kindness), 즉 사랑으로 나타납니다. 따라서 우리에게 있는 선함은 하나님의 선하심으로 말미암은 것이고, 우리의 사랑은 하나님의 사랑으로 인한 것입니다. 그리고 우리의 참됨과 거룩함과 의로움도 하나님으로부터 나옵니다. 그런데 이러한 하나님의 형상이 온전하게 드러나고 구현되기 위해서는 하나님의 가족, 자녀가 되어야 합니다. 하나님의 가족이 될 때 우리의 인격적 성품은 하나님의 그것과 닮아가게 됩니다. 바로 이 이유 때문에 하나님은 우리의 진정한 인간 됨의 기준이고 원천이십니다.
 성경은 하나님의 우리 아버지 되심과 우리의 하나님 자녀 됨에 대한 관점을 많이 보여줍니다. 하나님의 아버지 되심은 구약 성경에서는 뚜렷하지 않지만 신약에서는 매우 분명합니다. 예수님은 하나님을 주나 왕으로 부르지 않으시고 언제나 아버지라고 부르시면서 제자들에게도 하나님을 아버지로 부르라고 말씀하셨습니다(마 6:9). 우리로 하여금 하나님을 가장 친밀하게 이해하도록 하는, 종종 '아빠'라고 해석되는 아바(Abba)라는 말의 의미가 그것입니다(막 14:36; 롬 8:15; 갈 4:6).

비록 아버지로서의 하나님의 등장이 많지 않을지라도 구약에서 가족의 관계로 하나님과 그 백성들의 관계를 설명하는 것은 자주 있었습니다. 이것은 '~의 계보'(toledoth, generations)라는 표현을 통해서 잘 드러납니다(창 2:4; 5:1; 6:9; 11:10; 25:19 등). 또 이것은 신약에서 예수님의 계보에 대한 설명을 통해서 분명하게 나타납니다(마 1:1, 눅 3:23). 신약에서 믿는 사람은 그리스도 안에서 아버지 되신 하나님의 자녀입니다. 그렇기 때문에 신약에서는 '형제'(물론 자매를 포함하여)라는 말로써 같은 믿음을 가지고 있는 사람들을 나타냈는데, 그것은 믿는 사람이 그리스도 안에서 함께 누리는 가족의 친밀한 교제를 드러내는 표현이었습니다.

하나님의 가족이라는 주제는 구원에서 하나님이 개인뿐 아니라 가정과 교회 그리고 국가들도 부르신다는 것을 보여줍니다(마 28:19-20; 계 21:24). 초대교회에서의 회심은 종종 가정 단위로 이루어졌고(행 11:14; 16:15; 고전 1:16), 교회는 가정에서 모였습니다(롬 16:5; 고전 16:19).

그런데 하나님의 가족이라는 주제와 관련해서 하나님을 아버지라고 부르는 것에 이의를 제기하면서 하나님의 여성성에 주목해야 한다고 주장하는 사람들이 있습니다. 폴 주이트(Paul K. Jewett, 1919-1991)와 같은 복음주의 신학자와 엘리자베스 존슨(Elisabeth A. Johnson, 1941-) 같은 가톨릭 신학자들이 하나님에 대하여 여성적 언어(she, mother 등)의 사용을 주장했습니다. 페미니즘의 관점에서 이들은 하나님의 아버지 되심을 남성성의 우월함을 주장하는 것이라고 비판하면서 남녀 공통적 표현을 사용해야 한다고 주장했습니다.

하지만 그러한 주장은 하나님의 비인격성을 암시하는 결과를 초래할 뿐입니다. 성경에서 하나님을 아버지로 표현할 때 그것은 하나님의 주권과 권위를 상징하고, 그 권위에 대한 순종을 염두에 두고 있습니다. 그런데 성경에서 하나님의 여성성을 나타내거나 암시하는 구절들(신 32:18; 사 42:14-15 등)을 근거로 해서 하나님을 여성적 호칭으로 하나님을 불러야 한다는 주장은 사람들이 권위와 순종의 관계에 대한 인간 역사의 비극을 기억하는 것에서 시작된 것으로 보입니다. 물론 그러한 폭력적 권위와 그에 대한 강압적 복종의 역사가 바뀌어야 한다고 주장하는 것은 타당합니다.

그러나 그것을 위하여 하나님의 아버지 되심에 대한 성경의 가르침을 뒤집으려는 것은 위험합니다. 왜냐하면, 성경은 성부 하나님과 성자 예수님이 온전한 친밀함으로 이루어진 하나 됨을 이루고 계시며(요 10:30), 예수님의 성부 하나님에 대한 순종은 강제되거나 굴욕적인 것이 아니라 가장 기쁘고 자발적인 순종임을 보여주기 때문입니다(요 4:34; 빌 2:6-7). 이것은 아버지이신 하나님의 권위가 무엇이며 자녀인 신자의 순종이 어떠해야 함을 보여주는 좋은 본보기입니다.

사실 아버지이신 하나님께 대한 순종이 불편하고 거북한 것은 죄로 인한 두려움 때문입니다. 죄가 없이는 아무런 두려움도 생기지 않기 때문입니다(창 3:10). 그러나 죄가 해결된 다음에 하나님 아버지에 대한 순종은 언제나 즐거움이고 행복입니다. 물론 그럴 때라도 이 땅에서의 삶에서 하나님 아버지에 대한 순종은 완전하지 않습니다. 구원받은 다음에도 죄가 여전히 우리 안에 남아 활동하기 때문입니다. 그런 의미에서 우리는 자발적으로 순종하고자 하는 마음과 거역하고자 하는 마음의 내적인 갈등을 사는 동안 경험합니다. 그렇기 때문에 기꺼이 즐거운 마음으로 순종하고자 하는 마음이 되도록 그리스도의 은혜 안에서 하나님의 사랑을 깊이 경험하는 것이 절대적으로 필요합니다.

성경은 하나님의 가족이 어떻게 형성되고 자라가고 성숙하게 되는지에 대한 이야기라고 할 수 있습니다. 또한, 성경은 하나님의 자녀들이 세상에서 어떻게 살았고 그러한 삶을 이어갔는지를 보여주는 연대기이기도 합니다. 성경은 그리스도 안에 있는 신자인 우리들이 하나님의 가족이 되어 점점 더 성숙해가고 있으며 사랑으로 그것을 나타내라고 가르칩니다.

사람들이 가족 안에서 안전함을 느끼고 서로 위로하고 모든 자원을 활용하여 격려하며 보살피는 것처럼, 우리는 하나님의 가족으로서 그러한 일들을 하도록 요청받고 있습니다. 그러므로 그리스도인인 우리는 아버지이신 하나님이 주시는 모든 자원과 은사들로 그렇게 복된 가족을 이루도록 힘쓸 것을 부름받습니다(갈 6:10).

함께 생각해보기

1. 우리는 어떤 방식으로 성경을 읽고 있는지 이야기 나누어보십시오.

2. 성경을 객관적으로 이해하는 것과 주관적으로 이해하는 것에 대하여 이야기 나누어보십시오.

제3장

언약: 3중 언약과 은혜 언약의 대서사

우리가 살고 있는 이 시대는 약속이 무의미한 시대가 된 듯합니다. 약속은 임기응변과 회피의 방편이 되었고 약속을 파기하는 것이 더 이상 이상한 일도 아니게 되었습니다. 약속보다 상황이 더 중요하고, 신의보다는 이익이 먼저 고려되는 시대에 우리 믿음의 사람들은 신뢰할 수 있는 사람들인지 스스로 돌아보아야 합니다.

그런데 성경은 약속에 대하여 말하고 있습니다. 이것은 우리가 지나쳐서는 안 되는, 매우 중요한 사실을 우리에게 가르쳐줍니다. 성경에 나타나는 하나님의 약속은 종종 언약(covenant)으로 불립니다. 언약이란 하나님이 그 백성들과의 맺으시는 관계로서 '맹세와 연합을 통한 상호 헌신'의 관계를 지칭하는 용어입니다. 그런데 성경의 언약을 보다 잘 이해하기 위하여 고대의 종주권 맹세 혹은 언약의 형식을 이해하는 것이 큰 도움이 되는데 대략 다음과 같은 형식으로 되어 있습니다.

(1) 전문(preamble) – 종주 국왕의 이름
(2) 역사적 서문(historical prologue) – 언약을 맺게 된 배경의 설명
(3) 의무조항(stipulations) – 일반조항과 구체적인 조항
(4) 보상과 처벌 규정(statements of reward and punishment) – 순종에 따른 축

복과 불순종에 따른 저주[10]

이러한 언약의 형식 안에서 하나님은 자신을 왕으로 선언하시고, 언약의 상대방인 사람은 하나님의 종주권(宗主權)을 인정하면서 봉신(封臣)으로서 왕의 뒤를 따를 것을 맹세합니다. 성경이 이러한 언약의 형식으로 하나님과 그 백성의 관계를 설명하는 것은 하나님의 주권을 선언하는 동시에 인간의 책임 있는 결단을 촉구하고 실천할 것을 강조하고자 함입니다. 그렇게 볼 때 하나님을 믿는다는 것은 하나님의 약속을 믿는 것이라고 할 수 있습니다. 따라서 이 사실을 확인한 그리스도인들은 약속을 진심으로 무겁게 생각하고 그렇게 살아가는 사람들입니다.

성경을 언약의 관점으로 이해하는 것이 개혁신앙(reformed faith)에 있어서는 매우 자연스러운 것이었습니다. 언약신학은 16세기 종교개혁자들과 17세기 영국 청교도들의 성경 이해에서 매우 중심적인 위치를 차지했으며 그 후예들에게도 여전히 기독교 신앙을 이해하는 핵심적인 관점으로 받아들여지고 있습니다. 언약을 중심으로 성경을 이해하는 것은 성경을 전체적이고 통합적으로 보게 하는 안목을 제공하는데 그것은 성경에 대한 매

---

[10] 고대 근동의 조약의 형식에 대한 자세한 내용은 일관적이지는 않지만 대략 다음과 같은 구조로 되어 있다. 첫째, 전문은 조약을 제정한 사람이 누구인지를 확인시켜 준다. 둘째, 역사적 서문은 조약을 맺게 된 역사적 상황을 설명하는데 봉신이 침략을 당한 비참한 상황에서 종주가 그들을 구원한 이야기인데, 이로써 봉신은 종주와 대등한 관계에서 조약을 맺을 형편이 아니었음이 드러난다. 이로써 종주가 봉신을 고난으로부터 구원한 것 자체가 종주의 호의에 기인한 것임을 나타낸다. 셋째, 언약조항들의 내용은 대체로 다른 왕과 비밀 동맹을 맺지 말 것과 종주에게 불평하지 말 것, 종주에게 해마다 세금을 바칠 것 그리고 종주의 보호 아래 있는 다른 봉신들을 징벌하기 위한 행동에 종주와 연합하겠다는 것 등이다. 넷째, 상벌 규정은 봉신들이 조약을 어겼을 경우에 어떤 일들이 일어날 것인가에 대한 내용들이다. 주로 고향과 고국으로부터 사람들을 이주시키거나 추방하는 것 등이 포함되었다. 마이클 호튼, 『언약신학』 (God of Promise) 백금산 역, (서울: 부흥과 개혁사, 2011), 37-42.

우 적합한 관점으로 인정되어왔습니다. 특별히 웨스트민스터 신앙고백과 대·소교리문답은 언약신학을 바탕으로 하고 있습니다. 그렇기 때문에 웨스트민스터 표준문서들을 공부하고자 할 때 언약신학에 대한 이해는 필수적입니다.

언약이란 말은 구약에서는 베리트(berith)인데 이는 '자르다'(to cut)를 뜻하는 '바라'(barah)에서 파생된 말로써 창세기 15장 17절에 언급된 할례의식에 대한 기념을 뜻합니다. 그러나 다른 한편으로 언약을 '묶다'(to bind)를 뜻하는 아시리아어 '베리투'(beritu)에서 나온 것으로 이해하는 견해들도 있습니다. 또한, '베리트'는 언약의 한쪽 당사자에게 종속적으로 부과되는 의무로써의 명령과 규례를 의미하는 '초크'(choq)의 동의어로 사용되기도 했습니다. 이것은 하나님과 인간 사이의 언약이 동등한 위치에서 체결되는 것이 아니며 언약의 편무적(片務的), 즉 한쪽 편의 의무를 강조하는 일방적 성격을 강하게 드러냅니다.

1. 3중 언약

성경에는 세 종류의 언약이 있습니다. 바로 구속 언약(pactum salutis, covenant of salvation)과 행위 언약(foedus operum, covenant of work), 그리고 은혜 언약(foedus gratiae, covenant of grace)이 그것입니다.

구속 언약은 하나님이 역사 속에서 사람들과 맺으신 언약이 아니고 삼위 하나님 사이에서 맺은 영원한 언약입니다. 즉, 성부 하나님이 성자 하나님 안에서 한 백성을 선택하여 성령 하나님을 통해 구원하는 믿음을 주고자 하시는 삼위 하나님 사이의 언약을 뜻합니다. 비록 성경에는 이러한 구속 언약에 대한 명시적 표현이 나타나지 않지만 언약신학자들은 이에 대한 여러 성경구절이 구속 언약에 대하여 분명히 말하고 있다고 봅니다.

그 성구들은 다음과 같습니다. 창세 전에 이루어진 구원의 예정에 대한 에베소서 1장 4-14절, 성부께서 성자에게 사람들을 주셨다는 요한복음 6장 39절, 10장 29절, 17장 2절, 6절, 9절, 11-12절, 그리고 성자께서 자신의 삶과 죽음을 통하여 그 계획을 이루셨다는 요한복음 6장 37-40절, 10장 14-18절, 히브리서 10장 5-18절, 그리고 성령께서 믿음으로 그리스도와 연합하도록 사람들을 이끄셨다고 말하는 로마서 8장 29-30절, 에베소서 1장 11-13절, 베드로전서 1장 5절 등입니다.[11]

구속 언약은 인간의 구원이 하나님의 주권적인 사역이며 또한 구원 사역에 있어서의 그리스도 중심적 특성을 강조하고 있습니다. 네덜란드의 신학자 벌코프(Louis Berkhof, 1873-1957)는 시편 2편 7-9절, 40편 7-9절, 요한복음 17장 5절, 빌립보서 2장 9-11절 등을 역사적 서문, 언약의 조항, 상벌 규정 등 언약의 형식으로 간주되는 내용으로 제시함으로 구속 언약이 언약의 형식적 특징을 지니고 있음을 보여주었습니다.[12]

---

11 곧 창세 전에 그리스도 안에서 우리를 택하사 우리로 사랑 안에서 그 앞에 거룩하고 흠이 없게 하시려고 그 기쁘신 뜻대로 우리를 예정하사 예수 그리스도로 말미암아 자기의 아들들이 되게 하셨으니(엡 1:4-5).
그들을 주신 내 아버지는 만물보다 크시매 아무도 아버지의 손에서 빼앗을 수 없느니라(요 10:29).
아버지께서 아들에게 주신 모든 사람에게 영생을 주게 하시려고 만민을 다스리는 권세를 아들에게 주셨음이로소이다(요 17:2).
그 안에서 너희도 진리의 말씀 곧 너희의 구원의 복음을 듣고 또한 믿어 약속의 성령으로 인치심을 받았으니(엡 1:13).

12 내가 여호와의 명령을 전하노라 여호와께서 내게 이르시되 너는 내 아들이라 오늘 내가 너를 낳았도다 내게 구하라 내가 이방 나라를 네 유업으로 주리니 네 소유가 땅 끝까지 이르리로다 네가 철장으로 그들을 깨뜨림이여 질그릇같이 부수리라 하시도다(시 2:7-9).
그 때에 내가 말하기를 내가 왔나이다 나를 가리켜 기록한 것이 두루마리 책에 있나이

행위 언약은 하나님과 아담 사이에 맺어진 언약입니다.[13] 이 언약에서 하나님은 절대적 주권자이며 율법의 수여자로서의 하나님이 아니라 친구로서의 하나님으로 언약의 한쪽 당사자가 되시고, 아담은 인류의 머리와 대표로서, 그리고 죄성이 없지만 아직 의롭다고 확정되지 않은 상태에서 언약의 상대편 당사자가 됩니다.

행위 언약에서 하나님은 하나님의 형상으로서의 아담에게 하나님의 도덕적 성품으로서의 율법을 주시고 그것을 순종하는 것을 조건으로 영생을 약속하셨습니다. 행위 언약의 언약 체결의 요소는 창세기 1-3장에서 볼 수 있습니다. 즉, 1-2장은 역사적 서문이고 2장 16-17절은 언약의 규정이며 2장 17절 이하는 상벌 규정입니다. 그리고 상벌 규정에 대한 토론은 3장 1-5절이고 그에 대한 심판의 시행은 3장 8-19절로 이해됩니다. 그러나

다 나의 하나님이여 내가 주의 뜻 행하기를 즐기오니 주의 법이 나의 심중에 있나이다 하였나이다 내가 많은 회중 가운데서 의의 기쁜 소식을 전하였나이다 여호와여 내가 내 입술을 닫지 아니할 줄을 주께서 아시나이다(시 40:7-9).
아버지여 창세 전에 내가 아버지와 함께 가졌던 영화로써 지금도 아버지와 함께 나를 영화롭게 하옵소서(요 17:5).
이러므로 하나님이 그를 지극히 높여 모든 이름 위에 뛰어난 이름을 주사 하늘에 있는 자들과 땅에 있는 자들과 땅 아래에 있는 자들로 모든 무릎을 예수의 이름에 꿇게 하시고 모든 입으로 예수 그리스도를 주라 시인하여 하나님 아버지께 영광을 돌리게 하셨느니라(빌 2:9-11).

[13] 행위 언약은 여러 다른 이름으로도 불린다. 하이델베르크 교리문답 해설을 저술한 자카리우스 우르시누스(Zacharius Ursinus, 1534-1583)는 '창조 언약'으로 부르고 프랜시스 투레틴(Francis Yuretin, 1623-1687)은 '자연 언약'으로 부른다. 또한, 사무엘 러더퍼드(Samuel Rutherford, 1600-1661)은 '생명 언약'으로 부른다. 하지만 윌리엄 퍼킨스(William Perkins, 1588-1602)와 요한네스 콕케이우스(Johannes Cocceius, 1603-1669)와 웨스트민스터 총회에 참석한 신학자들인 안토니 버지스(Annthony Burgis, 1600-1664)와 윌리엄 스트롱(William Strong, ?-1654)는 '행위 언약'으로 부른다. 이것은 아담과 맺은 언약에 대한 설명에서 그 시기의 측면을 강조하고자 창조 언약으로, 아담이 하나님과 맺는 관계를 강조하고자 자연 언약으로, 그리고 그 언약의 약속에 대하여 강조하고자 '생명 언약'으로 명명한 것일 뿐이다. 그렇게 볼 때 행위 언약은 아담의 책임을 강조하고자 붙인 이름임을 알 수 있고 웨스트민스터 신학자들은 그에 대해 동의가 이루어졌음으로 행위 언약으로 명명한 것이다.

아담은 그 법에 불순종하여 전체 인류와 함께 죄와 죽음과 정죄에 이르게 되었습니다. 이로서 행위 언약은 깨어졌습니다. 하지만 은혜로우신 하나님은 그 백성을 구원하시기 위한 다른 언약을 체결하기를 원하셨습니다.

은혜 언약은 창조 시의 아담과 맺은 첫 번째 언약이 아담의 불순종으로 깨어진 후에 하나님께서 죄인인 아담과 그 후손들을 구원하시기 위하여 맺으신 언약으로, 창세기 3장 15절의 약속을 그 시작으로 합니다.[14] 이 언약의 인간 편의 파트너는 각각 타락한 아담과 아브라함과 이스라엘과 다윗이지만 그들에게 주어진 언약은 전체적으로 약속이었고 그리스도께서 그 약속들을 온전히 성취하셨을 때 은혜 언약은 온전히 맺어졌습니다.

그러므로 은혜 언약은 역사적으로는 점진적인 성격을 띠지만 그 성질에 있어서는 본질적으로 동일합니다. 다른 말로 하자면, 역사적으로 다양한 언약들이 있을지라도 그것은 하나님의 은혜로 말미암아 맺어진 언약이기에 이 언약은 모두 은혜 언약으로 일컬어진다는 것입니다. 그래서 그리스도 이전의 은혜 언약들은 그리스도의 오심을 예표하고 예시하는 다양한 약속들과 예언들과 제사와 의식들 그리고 규례들을 통해 시행되었습니다.

따라서 그리스도의 언약에 이르기까지의 각 시대의 은혜 언약은 그 형태가 다를지라도 모두 동일한 하나의 은혜 언약입니다. 그래서 그리스도의 언약은 그 이전의 언약들에 나타난 약속들에 대한 성취의 의미를 갖습니다. 그렇기 때문에 각 은혜 언약의 발전에서 드러난 변화들이 있을지라도 그것은 하나님의 일관된 구원계획에 따른 것이고 본질적으로 동일한 연속성이 있습니다.

---

14 내가 너로 여자와 원수가 되게 하고 네 후손도 여자의 후손과 원수가 되게 하리니 여자의 후손은 네 머리를 상하게 할 것이요 너는 그의 발꿈치를 상하게 할 것이니라 하시고 (창 3:15).

은혜 언약에는 양면적인 특성이 있습니다. 그 하나는 은혜 언약이 그 언약의 조건에 반응하거나 성취할 죄인들의 자연적 능력을 고려하지 않은 채로 하나님께서 단독적으로 맺으신, 은혜로 맺어진 언약이므로 일방 언약(foedus monopleuron/unilateral covenant)이라고 불린다는 것이고, 그러면서도 이 언약이 사람에게 그리스도를 믿는 믿음을 요구한다는 측면에서는 쌍방 언약(foedus dipleuron/ bilateral covenant)으로 불리기도 한다는 것입니다.

2. 은혜 언약의 대서사

하나님의 구원의 계획과 그에 따른 계시의 발전에 따라 은혜 언약은 여러 개의 언약으로 제시되었습니다. 그 종류에 대해서 언약신학자들 사이에 완전한 일치가 이루어진 것은 아닙니다. 하지만 크게 옛 언약과 새 언약으로 구분해서 이해하는 것이 일반적입니다. 옛 언약은 타락 후 아담에게 주신 언약을 시작으로 해서 노아 언약과 아브라함 언약과 모세 언약, 그리고 다윗 언약을 말합니다. 그리고 새 언약은 예레미야의 언약과 그리스도의 언약을 의미합니다.

노아 언약은 보존의 언약, 또는 일반은혜의 언약으로 불립니다. 그리고 이 언약은 일차적으로 영적인 측면보다는 현세적인 측면, 즉 은혜보다는 자연의 영역과 관련되었습니다. 하지만 이 언약 또한 명백하게 하나님의 은혜로운 호의의 결과이기 때문에 당연히 은혜 언약으로 간주되며 이후의 은혜 언약이 작동하는 틀을 제공하고 있습니다. 이 언약에서 하나님은 이 세상을 보존하시겠다는 언약의 맹세에 스스로 자신을 묶으시는데 이 언약에서는 세 가지가 강조됩니다.

첫째, 하나님의 약속은 무조건적이기에 하나님의 주권이 강조됩니다.

둘째, 인간에게만이 아니라 모든 창조세계에 적용되므로 우주적 보편성이 강조됩니다.

셋째, 하나님의 약속은 세상의 끝날까지 이어질 것이므로 그 지속성이 강조됩니다. 노아와 그 가족이 경험한 홍수로부터의 신체적인 구원은 하나님의 약속 안에 있는, 믿음으로 말미암은 심판으로부터의 영적인 구속에 대한 모형이며 상징입니다.

아브라함 언약은 창세기에 세 번 언급되었는데 이 언약은 일차적으로 노아의 언약과 달리 영적인 약속에 관한 언약입니다. 아브라함에게 명령된 첫 약속(창 12:1-3)은 언약의 형식을 갖춘 것은 아니지만 언약의 본질을 분명하게 드러내고 있습니다. 그리고 그 언약은 두 번째 약속(창 15:1-17)에서 희생제물과 자기 저주 맹세로 인준되었으며, 또한 몇 년 뒤의 세 번째 약속(창 17:1-14)에서 할례의 표시로 확정되고 인증되었습니다.

신약은 새 언약을 아브라함 언약의 확장과 성취로 설명하고 있으므로(갈 3:8-9, 29) 아브라함 언약은 진정한 은혜 언약의 토대로 간주되고 있습니다.[15] 또한, 이전까지의 언약은 사람을 전체로서 대하시는 반면에 아브라함 언약에서 하나님은 사람을 개인으로서 대하십니다. 이로써 하나님의 구원 계획은 셈과 데라와 아브라함으로 이어지는 계통으로 구체화되었습니다. 아브라함 언약의 가장 큰 목적이 여인의 씨가 오는 혈통을 계시하신 데 있으므로 이 언약이야말로 진정으로 구원하는 복음의 첫 번째 계시이

---

[15] 또 하나님이 이방을 믿음으로 말미암아 의로 정하실 것을 성경이 미리 알고 먼저 아브라함에게 복음을 전하되 모든 이방인이 너로 말미암아 복을 받으리라 하였느니라 그러므로 믿음으로 말미암은 자는 믿음이 있는 아브라함과 함께 복을 받느니라(갈 3:8-9).

며 그 언약의 길을 예비하는 것이었습니다.

모세 언약(시내산 언약)은 하나님께서 이스라엘을 이집트의 속박에서 해방시킨 뒤에 사람 중보자로서의 모세를 통하여 이스라엘 백성과 맺으신 언약입니다. 이 언약은 구속 역사의 진전에 있어서 중요한 단계를 이룬 언약으로서 출애굽기 19장 5-6절에서 나타납니다. 하지만 그때 하나님은 모세에게 언약의 하나님으로서 아브라함의 하나님으로 나타나셨던 가시덤불의 사건을 되돌아보게 합니다(출 3장). 그것으로 볼 때 모세 언약은 아브라함 언약과 유기적인 관계를 맺고 있음을 분명히 합니다.

또한, 금송아지 사건으로 멸망당할 상황에서 모세는 하나님께 아브라함과의 언약을 기억하시기를 간구했습니다(출 32:13). 하나님은 또한 그들이 죄에서 회개할 때마다 아브라함과 맺은 언약을 기억하실 것이라고 말씀하셨습니다(레 26:42; 신 4:31).

그리고 호렙에서 하나님은 모세를 통하여 이스라엘 백성에게 아브라함의 언약을 상기하도록 하셨습니다(신 1:8). 더욱이 시편 105편 8-10절은 아브라함의 언약과 모세의 언약의 단일성을 명백하게 보여주고 있습니다. 실로 바울은 갈라디아서 3장 15-22절에서 율법이 아브라함과의 언약을 대체하기 위한 것이 아니라 약속의 은혜로운 목적을 이루기 위한 것이라고 말합니다.

만일 모세 언약이 행위 언약이고 따라서 율법적 순종이 구원의 길이라면 그것은 이스라엘에게 저주일 뿐입니다. 왜냐하면, 백성들에게 부과된 율법은 지킬 수 없는 것이기 때문입니다. 그러나 성경에서 이 언약은 이스라엘에게 수여된 복으로 제시됩니다(출 19:5; 레 26:44-45; 신 4:8). 따라서 다른 면모들이 있다고 할지라도 모세 언약은 본질적으로 아브라함 언약과 동일한 언약으로 이해하는 것이 타당합니다.

물론 모세 언약은 외적인 형식으로서 성문화된 율법을 강조하는 특이점이 있습니다. 그러나 그것은 그 언약이 이제 한 가족 단위에서 민족 단위로 확장되었기 때문에 그렇게 주어진 것이지 율법의 행위로 말미암아 의롭게 됨을 설명하는 것은 아닙니다. 또한, 현세적 축복에 대한 모세 언약의 강조는 후견인에 맡겨진 어린아이와 같은 옛 언약의 백성들에게 적합하도록 제시된 것으로서 모세 언약의 모형론적인 특성을 보여주는 것이라고 할 수 있습니다.[16]

그러므로 모세 언약에서 작동하는 율법적 원리는 그보다 넓은 구속사적 맥락으로부터 고립된 것이 아닙니다. 오히려 이스라엘로 하여금 율법, 즉 도덕법의 완전한 요약으로 주어진 십계명을 지킬 수 없음을 깨닫게 하려는 교육적 목적으로 주어진 것입니다. 사람이 율법을 지킴으로써 의를 이룩하려는 것이 부적당함을 완전하게 드러냄으로써 율법은 아브라함 언약에 매우 중요하게 봉사하고 있습니다. 그런 의미에서 모세 언약은 그리스도의 은혜를 준비하게 하는 성격이 매우 강합니다.

다윗 언약은 사무엘하 7장과 이와 병행을 이루고 있는 역대상 17장 및 시편 89편에서 언급됩니다. 사무엘하 7장에서는 언약이라는 단어가 분명하게 사용되지는 않습니다. 하지만 시편 89편의 내용으로 볼 때 다윗에게 주신 약속들이 분명히 언약 안에서 주어졌음이 확인됩니다. 솔로몬은 이 언약의 의무와 책임에 대하여 바르게 이해하고 있음을 보여줍니다(대하 6: 14; 시 89:30-32).

---

16 모형론(typology)이란 미래의 사람이나 사건, 그리고 대상을 설명함에서 과거의 역사적 인물과 사건, 또는 대상으로 제시하는 것을 의미한다. 그러므로 모세의 언약을 모형론적으로 이해한다는 것은 예수 그리스도의 언약에 대한 그림자, 혹은 비유나 모형의 의미로 이해한다는 뜻이다.

다윗 언약은 하나님께서 은혜를 베푸시는 형태로 구성되어 있는데 그 약속의 요소들이 아브라함 언약과 매우 잘 결합됩니다. 아브라함 언약은 이스라엘의 인구의 증가와 가나안 땅을 기업으로 받음으로 성취되었으나 언약의 핵심으로서의 메시아적 약속과 소망에 대한 내용은 다윗의 언약에서 그 절정에 이르러 완전한 모습을 띠게 되었습니다. 즉, 다윗 언약에서 아브라함 언약은 명료하게 되고 심화되었고, 다윗의 후손으로 오는 이에게 그 초점이 맞추어져 있습니다. 그러므로 다윗에게 주어진 약속들은 이제 직접적으로 메시아적인 특성을 나타냅니다. 다시 말하면, 다윗의 씨가 한 나라를 세울 것이고 그의 보좌가 모든 세대에까지 이를 것이라는 약속은 바로 예수 그리스도를 가리키고 있다는 뜻입니다.

예레미야 31장 23-28절에서 예레미야에게 주어진 **새 언약**(The new covenant)의 약속은 주전 538년의 바벨론 포로로부터의 귀환 때에 성취되었습니다. 하지만 그 예언에 내재되어 있는 새 언약의 실제는 신약이 그것을 명료하게 하기까지 포로 후 시대를 넘어섭니다. 이 새 언약은 아브라함 언약을 염두에 둔 것이 아니라 모세 언약과 대조되어서 새 언약으로 불립니다. 비록 모세 언약이 은혜에 대한 관심을 촉진하기 위하여 주어졌을지라도 그것은 두 돌판에 새겨진 십계명이라는 외적인 형식으로 주어졌습니다. 그리고 그 사실은 율법에 대한 참된 순종을 일으키는 데 있어서 옛 언약(The old covenant)이 부적합하다는 것을 잘 나타내줍니다. 그런 까닭에 사람 안에 살아있는 중요한 원리로서의 새 언약의 필요성이 대두되었습니다. 그리고 이것은 그리스도 안에 있는 새 언약(The new covenant)으로 향하도록 하는데 이 새 언약은 사람의 '마음 안에서' 율법을 이행하도록 하는 특성을 지니고 있습니다. 새 언약으로 시작된 성령의 시대에 이제 신자는 율법을 지키도록 명령받을 뿐 아니라 그렇게 하도록 능력과 동기부여를 받습니다.

그리스도 안의 새 언약은 하나님의 구원계획의 시행의 마지막이며 최종적인 시기의 언약입니다. 그러나 새 언약이라고 할 때 그것은 첫 언약에 반대된다는 의미는 아니고 오히려 아브라함 언약에서 계시되고 모세 언약에서 확정된 언약의 은혜로운 수용이며 더 명료하고 완전한 표명이라는 뜻입니다.

함께 생각해보기

1. 우리 신앙을 언약의 주제로 배운 바가 있는지 이야기 나누어보십시오.

2. 그리스도인의 신실함이 약화되는 이유가 무엇인지 이야기 나누어보십시오.

제4장

예수 그리스도, 언약의 성취

> "이것은 죄 사함을 얻게 하려고 많은 사람을 위하여 흘리는 바 나의 피 곧 언약의 피니라"(This is my blood of the covenant, which is poured out for many for the forgiveness of sins).
>
> – 마 26:28

1. 새 언약으로서의 그리스도

예수 그리스도께서 유월절 만찬이 끝난 후에 성만찬을 제정하시면서 포도주에 관하여 하신 말씀, 즉 그 포도주가 새 언약의 승인을 위하여 흘리는 자신의 피를 상징한다고 하시면서 그것을 마시라고 하신 말씀은 성경의 언약을 새롭게 갱신하고 완전하게 하는 새 언약을 천명하신 것입니다. 그래서 그 말씀은 언약과 관련하여 결정적인 설명입니다(마 26:28; 막 14:24; 눅 22:20).

그때 예수님께서 하신 말씀은 "모세가 그 피를 가지고 백성에게 뿌리며 이르되 이는 여호와께서 이 모든 말씀에 대하여 너희와 세우신 언약의 피니라"(출 24:8)고 말했던 옛 언약의 최종적인 성취라는 뜻입니다. 또한, 그 말씀은 예레미야 31장의 약속, 특별히 33절의 "그러나 그 날 후에 내가 이스라엘 집과 맺을 언약은 이러하니 곧 내가 나의 법을 그들의 속에 두며 그들이 마음에 기록하여 나는 그들이 하나님이 되고 그들은 내 백성이 될 것이라 여호와의 말씀이니라"의 진정한 성취이기도 합니다.

예수님의 십자가 사건의 결과로서, 히브리서 기자가 유일한 구원의 원천으로서 그리스도의 독특성과 완결성을 설명할 때 그는 새 언약의 중보자로서의 그리스도를 묘사했습니다.

> 그러나 이제 그는 더 아름다운 직분을 얻으셨으니 그는 더 좋은 약속으로 세우신 더 좋은 언약의 중보자시라(히 8:6).

그렇게 함으로써 그리스도는 죄를 다루시고, 하나님께 나아가기에 부적합한 옛 언약을 대신하셨습니다. 또한, 그리스도는 구약시대를 통하여 계시되었던 은혜 언약의 중심에 놓여있는 영적 관계를 새 언약에서 그 정점에 이르도록 하셨습니다. 그럼에도 새 언약의 탁월성은 (도덕적)율법을 폐지하는 데 있지 않고 오히려 율법을 지킬 '새로운 마음'을 주심에 있습니다. 그럼으로써 예수 그리스도는 우리를 하나님과의 더욱 친밀한 관계 안으로 들어가게 하셨습니다.

사도 바울은 새 언약을 생명의 영으로서의 성령의 사역으로 설명합니다.

> 그가 또한 우리를 새 언약의 일꾼 되기에 만족하게 하셨으니 율법 조문으로 하지 아니하고 오직 영으로 함이니 율법조문은 죽이는 것이요 영은 살리는 것이니라(고후 3:6).

이 말씀은 성령께서 믿는 사람들의 마음에 내주하심으로 새로운 존재가 되어 살게 하신다는 뜻입니다. 바울은 또한 새 언약의 사역은 옛 언약에 비하여 더욱 영광스러운 직임이며(8절), 의(9절)와 자유(17절)의 사역이라고 말합니다.

무엇보다도, 히브리서는 새 언약이 죄 사함을 위한 제정(制定)이라고 분명히 말합니다.

내가 그들의 불의를 긍휼히 여기고 그들의 죄를 다시 기억하지 아니하리라(히 8:12).

이로 말미암아 그는 새 언약의 중보자시니 이는 첫 언약 때에 범한 죄에서 속량하려고 죽으사 부르심을 입은 자로 하여금 영원한 기업의 약속을 얻게 하려 하심이라(히 9:15).

그러면서 히브리서는 언약을 유언(testament)이라고도 부르는데 이는 유언이 죽은 다음에 효력을 발생하는 것처럼 새 언약이 그리스도의 죽음으로 효력을 발생한다는 사실을 강조합니다(히 9:17-22).

요약하자면, 새 언약은 그리스도 안에서 이루어지는 하나님과의 교제에 있어서의 그 부요함의 완전한 표현으로서, 하나님께서 베푸시는 은혜와 약속의 주권적 사역이라고 할 수 있습니다. 그리고 이 언약 관계의 중심에는 확신(assurance)이 있습니다. 이것은 모세 언약에서 언급되고 선지자들에 의하여 약속된, '나는 너의 하나님이 되고 너는 나의 백성이 되리라'(출 19:5-6; 레 26:12; 렘 30:22; 겔 11:20; 36:28)는 말씀에 대한 궁극적인 성취입니다. 새 언약 안에서 이 약속의 온전하고도 완전한 결실이 나타납니다. 그러므로 그리스도는 하나님의 약속의 충만함입니다.

2. 그리스도의 삼중직 사역

성경에서 언약은 언제나 여호와 하나님께서 그 백성들과 맺으시는 약속임을 기억하는 것은 매우 중요합니다. 언약은 전적으로 하나님이 주권적으로 행하시는 일입니다. 그런데 예수님은 새 언약을 선포하심으로써 자신이 구약의 언약의 주이신 여호와이심을 분명히 하십니다. 그래서 그리스도의 사역은 죄로부터 구원하는 모든 구원의 원천인데, 모든 과거와 현재와 미래의 하나님의 백성의 구원의 원천이라는 뜻입니다. 구원받은 모든 사람은 그리스도 안에 있는 새 언약을 통해서 구원받습니다. 그리고 구원받은 모든 사람은 그리스도의 새 언약을 통해서 '새로운 마음', 즉 순종의 마음을 받습니다.

언약에 있어서 반드시 기억해야 할 것은 이 언약이 삼위일체 하나님의 사역이라는 것입니다. 성부 하나님은 택하신 사람들을 그리스도에게 주십니다(요 6:65; 10:29; 17:2). 그리고 성자는 그들의 죄를 속하기 위하여 성육신하셔서 자신의 몸을 죽음에 내어주십니다(막 10:45; 요 10:15-18; 17:19). 또한, 성령은 그리스도가 성취하신 언약의 죽음을 택하신 사람들의 마음에 적용하심으로 그들로 믿게 하시고 언약의 조건들을 순종하는 새로운 마음을 주십니다(요 14:17; 16:13; 갈 5:22-24; 엡 4:23; 5:9; 골 3:10; 살전 1:6).

예수 그리스도는 앞선 모든 언약을 완전하게 하시고 성취하시는데 다음의 세 가지 직분을 수행하심으로써 그렇게 하셨습니다. 선지자와 제사장, 그리고 왕으로서. 예수님은 모세보다 더 위대한 선지자이십니다(요 1:1-14; 히 3:1-6). 그는 구원에 관한 하나님의 모든 진리를 가르치셨습니다. 또한, 그는 아론의 후손으로 직분을 감당하는 제사장들보다 뛰어나시고 그 직분을 대체하시는 대제사장으로 자신을 드리셨습니다(히 4:14-5:10; 7:1-8:7).

그리고 그리스도는 다윗보다 더 위대한 왕이십니다(막 12:35-37). 그는 창조주로서의 주권을 행사하심으로 그것을 드러내셨는데 여러 병을 고치시고 창조 질서를 초월하는 기적을 행하셨습니다.

십자가에서 예수님이 당하신 희생은 구약의 동물 제사를 성취하고 대체합니다. 왜냐하면, 오직 사람이시며 참 하나님의 아들이신 예수 그리스도의 죽음만이 그의 백성의 모든 죄를 사하기 때문입니다. 예수님은 자신을 제물로 드리시는 대제사장이십니다(히 10:12). 그리스도는 자신의 피로 언약의 백성들이 하나님 앞에 나아갈 길을 여셨는데 그것은 성전의 휘장이 위로부터 아래로 찢어졌다는 증언으로 확인됩니다(눅 23:45; 히 10:20).[17] 이것을 사도 바울은 예수 그리스도의 죽음 안에서 그의 백성이 죄에 대하여 죽었고 예수님의 부활 안에서 새 생명을 얻었다는 것으로 설명합니다(롬 6:1-11; 갈 2:20).[18]

그리스도께서 언약의 조건들을 성취하심으로 믿는 사람들에게 주시는 '새로운 마음'이 하나님의 무조건적인 선물이라는 측면에서 새 언약은 무조건적(unconditional)입니다. 그러나 새 언약이 믿음을 통해서 제시되고 주어진다는 것이 실제적이고 또한 필수적이라는 점에서 새 언약은 조건적(conditional)이기도 합니다. 따라서 우리는 구원 얻으려는 어떤 노력과 행위들로써가 아니라 오직 은혜로 의롭다 함을 받지만(롬 3:23-24; 엡 2:8-9), 그 은혜의 역사에 따라 우리를 의롭다 하는 믿음은 언제나 살아있고 순종

---

17 성소의 휘장이 한가운데가 찢어지더라(눅 23:45).
    그 길은 우리를 위하여 휘장 가운데로 열어놓으신 새로운 살 길이요 휘장은 곧 그의 육체라(히 10: 20).
18 내가 그리스도와 함께 십자가에 못 박혔나니 그런즉 이제는 내가 사는 것이 아니요 오직 내 안에 그리스도께서 사시는 것이라 이제 내가 육체 가운데 사는 것은 나를 사랑하사 나를 위하여 자기 자신을 버리신 하나님의 아들을 믿는 믿음 안에서 사는 것이라(갈 2:20).

하는 마음으로 드러납니다(갈 5:6; 엡 2:10; 약 2:14-26). 그러므로 자신의 삶에서 즐거이 순종하는 믿음의 행위, 삶이 드러나지 않는다면 그는 새 마음을 갖고 있지 않음을 스스로 드러내는 것입니다.

3. 새 언약의 특징들

새 언약에서 율법은 폐지되지 않고 오히려 완성되고 성취됩니다. 예수님은 산상수훈에서 옛 언약의 율법이 없어지지 않고 오히려 강화될 것을 말씀하셨습니다.

> 내가 율법이나 선지자를 폐하러 온 줄로 생각하지 말라 폐하러 온 것이 아니요 완전하게 하려 함이라(마 5:17).

그리고 구원에 대한 관심을 가지고 온 부자 청년에게 율법(십계명)을 제시하시면서 이를 행하라고 하셨습니다(마 19:16-21). 그리고 사랑이 계명의 온전한 성취임을 말씀하시면서 자신의 모범을 제시하셨습니다(요 13:34-35). 새 언약에서 율법에 대한 순종은 그것을 통하여 구원을 얻게 하겠다는 요구가 아닙니다. 오히려 믿는 사람이 하나님의 은혜에 대한 적합한 반응으로서 하나님께 복종하고자 하는 의지의 발현입니다. 새 언약에서 드러나는 변화들은 심오하고 원대하며 실제적인 특징이 있습니다.

첫째, 새로운 가족입니다. 새 언약은 옛 언약이 하나님과 이스라엘 사이에 맺어졌던 것과 같지 않으므로 민족적인 제한은 당연히 해제됩니다. 그래서 새 언약은 민족적인 구별을 넘어서서 유대인과 다양한 민족으로 이루어진 새로운 가족을 구성합니다. 바울은 에베소서 2장 11-22절에서 이 사실을 분명히 설명합니다. 할례와 율법의 규례로 나누어져 있던 구별이 이제 그리스도 안에서 하나가 되었다는 것입니다.

> 그러므로 이제부터 너희는 외인도 아니요 나그네도 아니요 오직 성도들과 동일한 시민이요 하나님이 권속이라(엡 2:19).

그리고 새 언약의 가족은 하나님이 거하실 성전을 이루고 있습니다(엡 2:22; 고전 3:16; 6:19). 그러므로 새 언약 안에 있는 신자들은 진정한 성전이신(요 2:21) 예수 그리스도 안에서 하나님의 거처(dwelling place)가 되었습니다. 이것은 거룩함에 대한 이해를 근본적으로 달라지게 합니다. 무엇보다 거룩함은 이제 어떤 장소(예루살렘 성전)나 신체적인 표시(할례)나 외적인 규례들(음식법과 정결법과 절기들)에 있는 것이 아니라 신자들의 마음과 직접적으로 관련이 있습니다(마 7:17; 15:18; 눅 6:45).

둘째, 새로운 선교입니다. 옛 언약의 백성들은 언약의 순수함을 지키기 위하여 주변의 이방 나라들과의 관계에 있어서 매우 조심해야 했으며 경계하여야 했고 때로는 성전(holy war)을 치르기도 했습니다. 그러나 새 언약에서 이제 경계해야 할 대상은 대적하는 불신자가 아니라 오히려 궁극적인 반대자들, 믿는 사람들을 미혹하는 궁극적 반대자인 사탄입니다(고후 10:4-5; 엡 6:12).

따라서 거룩한 전쟁은 사람들이나 국가나 사회의 정황과 관련된 외적인 데 있지 않고 근본적으로 신자의 내면에서의 투쟁입니다. 그러므로 새 언약의 확장은 군사적이거나 물리적인 강제를 통한 정복이 아니라 복음전도를 통한 정복이어야 함을 의미합니다. 물론 그 방식에 있어서도 예수 그리스도와 사도들을 따르는 것이어야 합니다. 그리고 그 방향은 민족적이고 국가적인 관점이 아닌, 모든 민족과 열방을 향한 것이어야 합니다. 이때에도 주의해야 할 것이 있는데 그것은 특정 문화가 복음을 대신하거나 대체하지 않도록 해야 한다는 것입니다. 사도 바울이 다양한 상황에 적응하고자 한 것은 시사하는 바가 매우 큽니다.

> 내가 여러 사람에게 여러 모습이 된 것은 아무쪼록 몇 사람이라도 구원하고자 함이니 (고전 9:22).

베드로 또한 로마군대의 백부장인 고넬료의 초청을 받았을 때 자기가 받은 환상의 의미를 바르게 이해하고서는 거리낌 없이 그의 집에 들어가서 복음을 전했고 함께 식사를 했습니다(행 10:28-29). 이러한 사실은 복음의 전도 방식이 어떠해야 함을 보여줍니다. 그것은 상대방에게 예의를 갖추고 존중하면서 복음을 제시하고 선포하는 것입니다. 복음을 믿게 하시는 이는 성령이시기 때문입니다(행 10:44; 살전 1:5).

셋째, 새로운 성숙입니다. 새 언약의 백성들은 옛 언약의 백성들보다 더욱 성숙하게 됩니다. 물론 성숙의 방편과 정도는 새로운 마음으로 하나님을 순종하는 것에 있는데 율법의 계명에 대한 순종을 의미합니다. 그러나 새 언약의 백성들에게 그러한 순종은 노예적인 굴종이 아니라 아들의 자유로 행하는 순종입니다. 새 언약 안에 있는 신자들은 그리스도 안에서 하나님의 아들들이 되었기 때문입니다(롬 8:14-17). 그들은 하나님의 아들의 자유를 누립니다(갈 5:1). 그래서 그 자유로 서로 복종함으로 사랑을 이룹니다(갈 5:13-14; 벧전 2:16).

또한, 그리스도인은 새 언약의 백성으로 더 큰 자유와 책임을 가집니다. 이를 위하여 하나님은 새 언약의 백성들에게 성령을 부어주셔서 진정한 자유와 사랑의 삶을 살아가도록 하십니다(고후 1:21-22; 5:5). 그리고 신자들은 성령으로 충만하게 되어 새로운 마음으로 그리스도의 본을 따르며(골 3:1-3) 새 언약 백성으로서의 삶을 기쁘게 살아갑니다(갈 5:16-25).

함께 생각해보기

1. 언약의 관점으로 예수 그리스도를 생각하는 것이 우리에게 어떤 유익이 있는지 이야기 나누어보십시오.

2. 현대의 그리스도인들이 그리스도의 삼중직에 대한 이해가 부족한 까닭은 무엇인지 이야기 나누어보십시오.

제5장

언약 안으로 들어감 : 중생과 회심

앞에서 살펴본 바와 같이 언약은 하나님과 우리의 관계를 설명하는 성경의 핵심적인 사상입니다. 그렇다면 그에 따라 즉각적으로 떠오르는 질문이 하나 있습니다. 그것은 사람이 어떻게 언약 안으로 들어갈 수 있는지, 즉 사람이 어떻게 언약 백성이 될 수 있는가 하는 것입니다. 그렇기에 소교리문답은 그리스도의 구속의 사역을 설명한 뒤에 29번에서 이렇게 묻습니다.

문: 우리는 어떻게 그리스도에 의해 취득된 구속의 참여자가 되는가?
답: 그의 성령으로 말미암아 우리에게 그것을 효과적으로 적용하심으로써 우리는 그리스도에 의해 취득된 구속의 참여자가 된다.

그리고 이어지는 30번에서 이것을 보다 자세히 설명하는데 성령께서 우리 안에 믿음을 일으키시고 효력 있게 부르시며 그리스도와 연합하게 하심으로 그렇게 하신다고 하는데 이것을 효력 있는 부르심(31번)과 칭의(33번)와 양자 됨(34번)으로 설명합니다. 이러한 설명은 구속을 적용하시는 성령의 사역에 대한 설명인데, 일반적으로 알려진 소명-중생-회개-믿음-칭의-양자 됨-성화-견인-영화의 순서로 설명하는 구원의 서정(the order of salvation)과는 조금 다릅니다. 하지만 구원의 서정이란 개념은 18세기에 들어서 확정된 것입니다.[19] 그렇기 때문에 17세기 중반에 작성된 소교리문답이 구속의 적용에 대한 내용들을 간략하게 설명한 것은 충분히 이해될 수 있는 일이라고 할 수 있습니다.

그런 한편 구속의 적용에 있어서 살펴볼 다른 관점이 있습니다. 그것은 믿음으로써 구속의 적용의 당사자가 되어 그 구속의 참여자가 되는 사람의 관점에서 구원을 이해하는 것을 의미합니다. 사람이 구속의 참여자가 될 때 확실히 그는 아무런 내적인 변화 없이 그저 개념적으로 이해한다거나 자신의 의식이나 자각이 없이 무의식적으로 구속의 은혜에 참여하는 것이 아닙니다.

사실 성령은 기계적으로 사람에게 역사하지 않으십니다. 오히려 성령이 역사하시면 그 사람은 스스로 그것을 분명하게 인식하고 느끼고 결정하는 등의 직접적인 역할이 있고 그에 따른 진정한 내면의 변화를 경험합니다. 사람은 분명히 그것을 자각합니다. 그렇기 때문에 사람이 어떻게 언약 안으로 들어가게 되는지, 즉 구속의 은혜에 참여하게 되는지에 대하여 말함에 있어서 그것을 경험하는 사람의 관점에서 살펴보는 것은 매우 필요하고 중요합니다. 그것은 바로 중생과 회개와 믿음을 통해 경험하는 회심입니다.

---

19 구원의 서정이란 구원의 은혜가 어떻게 시작되고 진전되며 완전하게 되는지를 제시하기 위한 객관적인 설명으로 주로 18세기에 이르러서 확립되었다. 신학자에 따라 회개와 신앙의 순서에 대하여 다른 견해 차이가 있기는 하지만 다른 부분에서는 일반적인 일치가 이루어지고 있다. 또한, 소명으로부터 양자 됨까지는 시간적인 순서라기보다는 논리적인 순서이다. 성화와 견인은 신자의 삶이 이어지는 동안 지속하는 것이고 영화는 구원의 최종 단계로서 그리스도의 다시 오심으로 말미암아 이루어지는 구원의 최종 단계를 의미한다.

1. 중생

구원이 전적으로 은혜로 주어지는 측면을 생각할 때 그것은 객관적입니다. 하지만 이 구원의 복은 믿는 사람에게 내면적이고도 실제적인 변화를 일으킨다는 점에서 주관적입니다. 실로 복음은 심오한 주관적인 변화를 일으킵니다. 성경은 이 변화가 중생(regeneration, born again)으로 비롯된다고 가르칩니다. 중생은 믿는 사람 안에 하나님의 생명이 들어오는 역사입니다. 그리고 중생은 예레미야와 에스겔 선지자에게 약속한 새 언약이 사람 안에 체결되는 방식이기도 합니다.

> 그러나 그 날 후에 내가 이스라엘 집과 맺을 언약은 이러하니 곧 내가 나의 법을 그들의 속에 두며 그들의 마음에 기록하여 나는 그들의 하나님이 되고 그들은 내 백성이 될 것이라 여호와의 말씀이니라(렘 31:33).

> 내가 그들에게 한 마음을 주고 그 속에 새 영을 주며 그 몸에서 돌 같은 마음을 제거하고 살처럼 부드러운 마음을 주어 내 율례를 따르며 내 규례를 지켜 행하게 하리니 그들은 내 백성이 되고 나는 그들의 하나님이 되리라(겔 11:19-20).

그렇게 볼 때 중생은 하나님께서 실제로 자신의 법을 믿는 사람들의 마음에 기록하고 마음에 할례(신 10:16)를 행하신 것입니다.

중생에 대한 가장 자세한 설명은 예수님께서 니고데모와 나누신 대화에서 나타납니다(요 3:1-15). 예수님은 니고데모에게 사람이 거듭나지 아니하면 하나님 나라를 볼 수 없다고 하셨습니다(3절). 이때 예수님이 말씀하신 헬라어 단어는 '아노덴'(anothen)입니다. 예수님은 이 단어를 '위로부터'(from above)의 의미로 말씀하셨지만 니고데모는 그것을 이해하지 못했기 때문에 '거듭나다'(born again)라는 의미로 받아들였습니다. 그래서 어떻게 그런 일이 일어날 수 있느냐고 물었던 것입니다(4절). 그러나 예수님은 모태로부터 다시 나는 것이 아니라 물과 성령으로 나는 것을 의미한다고 다시 설명해주셨습니다(5절).

 예수님은 중생이란 위로부터 나는 것이라고 말씀하시면서 그것은 물이 더러운 것을 씻어내는 것처럼 성령께서 죄를 씻으시는 것을 경험하는 것이라고 말씀하셨습니다. 구약에서 물은 죄와 불결로부터의 정결하게 되는 것을 상징합니다(출 30:18-21; 시 51:2; 렘 33:8; 겔 36:25; 슥 13:1). 그렇기 때문에 중생은 성령의 사역으로 말미암아 죄가 씻기고 동시에 그 사람 안에 새로운 생명, 하나님의 생명이 창조되는 것을 경험하는 것입니다.

> 맑은 물을 너희에게 뿌려서 너희로 정결하게 하되 곧 너희의 모든 더러운 것에서와 우상숭배에서 너희를 정결하게 할 것이며 또 새 영을 너희 속에 두고 새 마음을 너희에게 주되 너희 육신에서 굳은 마음을 제거하고 부드러운 마음을 줄 것이며 (겔 36:25-26).

 예수님은 위로부터 나는 것을 통하여 위의 에스겔의 예언이 성취된다고 말씀하셨는데 이는 새 영, 곧 성령을 사람의 마음에 두심으로 하나님의 생명이 그 안에 살아 역사하게 됨을 의미하는 것이었습니다. 사도 바울은 동일한 것을 이렇게 말했습니다.

> 우리를 구원하시되 우리가 행한 바 의로운 행위로 말미암지 아니하고 오직 그의 긍휼하심을 따라 중생의 씻음과 성령의 새롭게 하심으로 하셨나니(딛 3:5).

중생하는 순간을 알기는 어렵습니다. 그것은 사람이 자신이 태어난 순간을 아는 것이 불가능한 것과 비슷합니다. 그러나 사람이 태어나면 움직이고 성장하는 것과 같이 중생한 사람은 그의 삶을 통해서 그것을 자신이 새롭게 태어났음을 확인할 수 있습니다. 물론 그러한 삶이 단번에, 혹은 짧은 기간에 드러나지는 않을지라도 하나님의 생명의 씨앗이 그 안에서 자라갈수록 그 생명의 효과는 두드러집니다.

즉, 죄에 저항하는 힘이 강해지는데 실제로 그렇게 됩니다. 성령의 열매(갈 5:22-23)가 그의 성품이 되어 드러나는 것을 통하여 중생되었음을 확인하게 되고, 믿음과 소망과 사랑이 그 마음에 남아있음으로 하나님의 생명이 그 안에 있는 증거로 나타납니다(고전 13:13). 무엇보다도 사랑에서 나오는 하나님을 향한 삶에서의 순종이 바로 가장 확실한 증거가 됩니다(롬 13:10).

사도 바울은 중생을 '새로운 창조'(new creation)라는 말로 설명하기도 하고(고후 5:17), 그리스도와 함께 죽고 그리스도와 다시 사는 '연합'(union with Christ)으로 설명하기도 합니다(롬 6:3-5).

그런데 이러한 중생은 어떻게 일어납니까?

그것은 바로 하나님의 말씀을 들음으로써 일어납니다.

> 너희가 거듭난 것은 썩어질 씨로 된 것이 아니요 썩지 아니할 씨로 된 것이니 살아있고 항상 있는 하나님의 말씀으로 되었느니라(벧전 1:23).

> 그가 그 피조물 중에 우리로 한 첫 열매가 되게 하시려고 자기의 뜻을 따라 진리의 말씀으로 우리를 낳으셨느니라(약 1:18).

이 말씀은 성령께서 하나님의 말씀을 통해서 일하신다는 뜻입니다. 물론 하나님의 말씀이 사람의 마음에 들려지는 것은 이미 그 안에 성령께서 역사하셨기 때문입니다. 그런 이유로 중생은 분명히 성령의 사역입니다. 하지만 그것이 일어난 것을 경험하는 것은 그 말씀을 듣는 사람이 그 들은 바를 믿음으로써 비로소 시작된다고 할 수 있습니다. 그렇게 성령께서는 사람의 마음을 변화시키셔서 그 자신의 자발적 결심으로 말씀을 듣게 하십니다.

2. 구원하는 믿음(saving faith)

하나님의 말씀을 믿음으로써 중생한다고, 거듭난다고 할 때 그 믿음은 어떤 믿음입니까?

이 믿음은 일반적으로 말하는 믿음과는 다릅니다. 즉, 친구에 대한 믿음이나 자연의 법칙에 대한 믿음 그리고 거래에서의 신실함을 믿는 믿음과는 다르다는 것입니다. 물론 그런 믿음도 믿음임에는 분명하지만 구원하는 믿음은 언제나 하나님에 대한 믿음을 의미합니다. 그리고 그 믿음은 우리의 지성과 감성과 의지를 포괄하는 전 인격적인 믿음입니다.

첫째, 구원하는 믿음이란 성경 말씀에 기초한 하나님에 대한 지식(knowledge)을 뜻합니다. 간혹 말씀에 토대를 두지 않고도 믿음이 시작되는 경우가 있기는 하지만 그럴지라도 그 믿음은 이내 말씀에 대한 지식으로 검증되고 확증되며 견고하게 됩니다. 구원하는 믿음은 하나님이 계시며 말씀하셨다는 사실을 인식함으로 시작됩니다. 그 실례로, 아브라함은

99살인 자신과 89살인 아내의 현실적 조건과 상태를 넘어서서 아이를 낳게 하시겠다는 분이 하나님이심을 알았습니다. 이것이 그의 믿음의 중요한 토대였습니다(롬 4:18).

이것은 하나님과 그 말씀에 대한 지적인 이해가 믿음의 출발점이 된다는 것을 의미합니다. 부패한 상태에 있는 자연적인 상태의 사람은 하나님의 말씀을 믿지 않고, 믿을 수도 없습니다. 그러나 성령께서 역사하시면 그의 지성이 새롭게 되어 하나님의 말씀을 이해하고 받아들이게 됩니다.

> 새 사람을 입었으니 이는 자기를 창조하신 이의 형상을 따라 지식에까지 새롭게 하심을 입은 자니라(골 3:10).

둘째, 구원하는 믿음은 확신(belief), 또는 동의(assent)입니다. 이것은 하나님의 말씀의 계시가 참되다고 믿는 것을 의미합니다. 이것은 하나님의 말씀에 대한 지성의 이해에 잇따르는 **감성적인 공감과 감화**를 의미합니다. 즉, 하나님의 말씀을 듣고 깨달았을 때 느끼는 깊은 희열이 바로 그것입니다. 그런 의미에서 구원하는 믿음에는 정서적이고 감정적인 측면이 분명히 있습니다. 하나님의 말씀에 대한 격렬한 감동이 일어나는 것은 자연스런 과정입니다.

셋째, 구원하는 믿음의 특성은 신뢰(trust)입니다. 신뢰는 의지의 결단으로서 여기에는 지식과 동의에 뒤이은 **진정한 변화의 표출**을 의미합니다. 그러므로 구원하는 믿음에서 신뢰는 그리스도를 구주(Saviour)로서 신뢰하는 것이고 또한 주(Lord)로서 그에게 복종하겠다는 것을 의미합니다. 이렇게 볼 때, 구원하는 믿음은 사람의 인격 전체를 관통하여 변화를 일으킵니다. 곧 구원하는 믿음은 사람의 지성(knowledge)과 감성(affection)과 의지

(will)를 포괄하며, 그리고 그것들이 통합되어 드러납니다.

물론 구원하는 믿음도 하나님의 선물인 것은 재론의 여지가 없습니다(엡 2:8). 예수님은 성부 하나님께서 이끌지 아니하시면 누구도 자신에게 올 수 없다고 말씀하셨으며(요 6:44), 성부께서 예수님이 누구신지를 알게 하시는 사람만이 예수님과 성부 하나님을 알 수 있다고도 말씀하셨습니다(마 11:27). 그러므로 믿음은 사람이 구원받는 근거도 아니고 원인도 아닙니다. 사람이 구원받는 근거는 오직 예수 그리스도의 십자가에서의 희생의 죽음이고, 사람의 실제적인 변화에서의 유일한 원인도 성령의 능력입니다. 사람은 자신을 구원하기 위한 어떤 일도 할 수 없습니다. 영적으로 죽어있기 때문입니다(엡 2:1).

그렇다면 믿음의 역할은 무엇이겠습니까?

믿음은 구원의 수단, 또는 방편(means)입니다. 비록 한 사람의 믿음이 불완전하고 보잘것없을지라도 하나님은 그러한 믿음으로 나오는 사람들을 하나님의 은혜 언약 안으로 맞아들이십니다. 전적으로 십자가를 붙드는 신뢰를 보시고 하나님은 그들을 구원하십니다.

3. 회개(repentance)

믿음에는 회개가 수반됩니다. 믿음과 회개는 함께 갑니다. 회개란 죄를 진심으로 슬퍼하여 죄를 버리고, 오직 그리스도에게 순종하고자 하는 신실한 헌신입니다. 즉, 회개란 죄를 포기하고 그리스도에게로 돌아서는 것입니다. 돌이키는 것이야말로 회개의 진정한 모습입니다.

신약에서 회개는 돌아서는 것을 그 핵심으로 하는데 주로 두 개의 단어가 많이 사용되었습니다. 하나는 '에피스트로페'(epistrophe)로 주로 현재 위치에서 앞을 내다보며 주께로 나아가는 것을 의미합니다. 즉, 자신이 현재 서 있는 악한 길(행 3:19)과 미혹된 길(약 5:20)에서 돌아서는 것을 의미합니다. 그래서 어둠에서 빛으로, 사단의 권세에서 하나님께로 돌아서는 것(행 26:18)을 뜻합니다. 이것은 또한 헛된 일을 관두고 하나님께로 돌아오는 것(행 14:15)을 의미하고, 우상을 버리고 하나님께로 돌아와 살아계시고 참되신 하나님을 섬기는 것(살전 1:9)을 뜻합니다. 또한, 타락한 길에서 영혼의 목자와 감독 되신 이에게로 돌아오는 것(벧전 2:25)이고, 주께로 돌아서는 것(행 9:35; 11:21; 15:19; 26:20; 고후 3:16)을 의미합니다.

회개를 의미하는 또 다른 하나는 '메타노이아'(metanoia)입니다. 이 단어는 과거의 죄악을 돌아보는 것을 나타낼 때 사용되었는데 세례 요한과 예수님이 회개의 세례를 전파했다고 할 때에 이 단어가 사용되었습니다(마 3:2; 4:17). 이것은 선지자와 예수님의 외침을 듣고 자신의 지난 과거의 잘못을 뉘우치는 가운데 언약의 하나님께 불순종한 것을 깨닫고 지금까지와는 정반대의 방향으로 돌아서는 것을 의미합니다. 메타노이아는 근본적으로 마음으로 작정하고 결단하는 의지적 결단을 의미합니다.

이렇듯 회개란 하나님의 말씀을 듣고 그로 말미암아 현재의 위치에서 과거에 자신이 하나님께 불순종한 일들을 돌아보고 하나님을 향하여 돌아서는 것을 의미합니다. 그렇기 때문에 회개는 언제나 믿음과 짝을 이룹니다. 왜냐하면, 회개가 마음의 인식이고 결단이라면 믿음은 그것을 실행하게 하게 하기 때문입니다.

요약하자면, 회개와 믿음은 바로 사람이 자기에게 선포되고 증거된 복음에 직면하여 자신이 지금까지 걸어온 길이 잘못된 길이고, 아무런 의미가 없으며 오히려 자신의 삶에 악영향을 끼치는 것임을 깨닫고 그것을 깊이 슬퍼하면서 지금까지 걸어온 길을 포기하고 예수 그리스도에게로 나아가서 그분만을 의지하고 헌신하고자 하는 것입니다.

이렇게 예수님 안에 하나님의 생명이 있음을 알고 마음 깊이 동의하며 결단하고 그런 행동을 몸소 경험하는 것이 바로 회심(conversion)입니다. 회심은 그것이 일어나는 원인과 능력의 관점으로 보면 전적으로 성령 하나님의 역사로 일어나는 일입니다. 그러나 한편 경험하는 사람의 관점으로 보면 그것은 사람이 하는 일이기도 합니다. 회심은 복음에 대한 이해와 동의와 결단을 통해서 일어나는 일이기 때문인데 사도 요한은 이것을 이렇게 설명했습니다.

> 영접하는 자 곧 그 이름을 믿는 자들에게는 하나님의 자녀가 되는 권세를 주셨으니 이는 혈통으로나 육정으로나 사람의 뜻으로 나지 아니하고 오직 하나님께로부터 난 자들이니라(요 1:12-13).

사람이 은혜 언약으로 들어가는 것은 중생과 회심을 경험함으로써 됩니다. 중생은 성령의 사역이지만 성령께서 사람의 마음에 역사하시면 그 사람은 구원하는 믿음을 갖게 되어 자신의 과거를 돌아보며 하나님께로 돌이키는 회심을 경험하게 됩니다. 그때로부터 사람은 언약 백성의 삶을 시작하게 됩니다. 비록 잔존하는 죄의 힘과 유혹으로 불완전하고 넘어지는 일이 있을지라도 그는 분명히 언약 백성으로서의 새로운 삶을 살아가게 됩니다.

그것은 곧 하나님의 성품인 거룩함을 열망하며 하나님을 닮고자 하는 성화의 여정을 출발하게 되는 것을 뜻합니다. 어떤 의미에서 중생한 사람은 평생에 걸쳐서 회심한다고 할 수 있습니다. 왜냐하면, 회개와 믿음은 믿는 사람의 삶에서 지속적으로 반복되는 일이기 때문입니다.

함께 생각해보기

1. 회심의 중요성이 현대 교회에서 간과되고 있는 이유가 무엇인지 이야기 나누어보십시오.

2. 회심이 일생 동안 지속된다고 할 때 그것은 처음 믿을 때로 되돌아간다는 의미인지 이야기 나누어보십시오.

제6장

웨스트민스터 소교리문답: 언약신앙의 교본

　성경을 언약의 관점으로 이해하는 것은 개혁신앙의 중요한 특징입니다. 종교개혁 이후 개혁신앙(reformed faith)을 견지하는 교회들은 이 신앙을 교회의 성도들을 가르치는 일에 매우 열심을 냈습니다. 그들은 설교와 더불어 교리문답교육(catechizing)을 통하여 그 일을 했는데 16세기의 존 칼빈(John Calvin, 1509-1564)의 '제네바 교리문답'(The Catechism of Geneva), 그리고 독일의 우르시누스(Zacharius Ursius, 1534-1583)와 올레비아누스(Casper Olevianus, 1536-1587)가 작성한 '하이델베르크 교리문답'(Heidelberg Catechism)이 그 대표적인 교리문답교육의 증거들입니다.

　17세기 중반에 이르러 영국에서는 수많은 교리문답서가 출판되었는데, 특히 1640년에서 1649년까지의 50년 사이에 무려 83개의 교리문답서들이 출판되어 사용되었습니다. 이것은 당시의 영국 교회에 교리 교육이 매우 활발하게 이루어졌음을 반증합니다.

　그런 가운데 1643년 7월에 영국의 장기의회의 명령으로 런던의 웨스트민스터 사원(Westminster Abbey)에서 회집한 신학자들의 총회에서 작성된 웨스트민스터 소교리문답(The Westminster Shorter Catechism, 이하 소교리문답)은 출판되자마자 획기적으로 급속하게 이전의 교리문답서들을 대체하게 되었습니다. 그것은 이 소교리문답이 성경의 가르침의 핵심을 간략하게 설명한 문서로 간주되었기 때문입니다. 이러한 소교리문답을 이해하기 위해서는 먼저 그것이 작성된 역사를 대략 살펴본 후에 그 내용에 다가가는 것이 유익합니다.

1. 웨스트민스터 총회의 간략한 역사(略史)

영국에서의 종교개혁은 믿음의 도리에 관한 관심에서 시작되었다고 하기보다는 정치적이고 제도적인 혁명으로부터 시작되었습니다. 헨리 8세(Henry VIII, 재위 1509-1528)는 왕비 캐서린(Catherine)과의 이혼과 시녀였던 앤 볼린(Ann Boleyn)과의 재혼을 반대한 로마 교황의 통제에서 벗어나기 위하여 1534년에 영국 교회의 최고 권위자가 자신임을 선포하는 수장령(The Act of Supremacy)을 선포했습니다.

이후 영국 교회는 점차 로마 교회의 신앙 양태를 버리고 종교개혁의 신앙으로 변화되었습니다. 하지만 여전히 교회의 직제와 예배 등의 제도에 있어서는 로마 가톨릭적인 형식을 그대로 유지하고자 했는데 엘리자베스 1세(Elizabeth I, 재위 1558-1603)의 시기에 이르러 그것이 더욱 강화되었습니다. 왕들은 귀족적인 고위 성직자들을 임명하여 교회를 주관하게 했습니다. 그러나 그러한 조치들은 성경적 신앙에 따른 완전한 교회의 개혁을 주장하는 청교도들의 비판을 받았고 그들의 영향을 받은 시민계급의 반발을 야기했습니다.

그런데도 교회의 수장으로서의 국왕을 인정하는 국교회파가 자신들의 입지를 더욱 견고하게 하자 새로운 정치적 세력으로 부상한 시민계급은 국민의 종교적 자유와 인권의 확대를 더 강하게 요구하면서 갈등이 표면적으로 드러나게 되었습니다.

결국 영국(잉글랜드)은 내전에 돌입하게 되었고 1640년 11월에 열린 의회는 왕의 재가가 필요 없는 독립적인 지위에 있음을 선포하면서 상·하 양원에서 자신들의 자유와 개혁적인 신앙을 끝까지 옹호하겠다고 선언했습니다. 이어서 그들은 대주교와 감독들에 의해 유지되는 고위성직 제도를 전적으로 폐지하기로 결의했습니다.

1643년 6월 12일에 의회는 '영국교회의 치리와 예배형식을 결정하며 그 교회에서 거짓된 비판과 해석을 일소하기 위하여 의회의 상·하양원의 자문 기관으로서 성직자들과 기타 인사들로 구성되는 대회를 소집하는 법안'을 통과시켰습니다. 그 법안에 따라 잉글랜드와 웨일스, 북아일랜드의 저명한 성직자들이 소집되었습니다. 그들은 당대의 가장 뛰어난 신학자들이었는데 각 주의 교회를 대표하는 성직자로 121명이었습니다. 나중에 결석자를 보충하기 위하여 21명이 추가되었고 거기에 상원의원 10명, 그리고 하원의원 20명이 포함되었으며 평가자와 서기들이 임명되었습니다. 소집된 성직자 중에 25명은 출석을 거부했는데 그들 대부분이 왕당파였기 때문이었습니다. 그 당시 잉글랜드 의회는 찰스 1세(Charles I, 재위 1625-1649)와의 전쟁에서 승리하기 위하여 스코틀랜드에 도움을 요청했는데 스코틀랜드 의회는 지원을 약속하면서 양국 사이에 '엄숙동맹과 언약(The solemn League and Covenant)을 맺었습니다. 그에 따라 스코틀랜드는 성직자들의 총회의 자문을 위한 대표단으로 8명을 임명했는데 실제로는 6명이 참석하였습니다.

웨스트민스터 총회에 참석한 대표들은 교회 정치에 있어서 감독교회파와 독립교회파 그리고 국교회파가 포함되었지만 대부분 장로교회파였습니다. 회의가 처음 소집되었을 때 참석한 사람은 60명이었고 회의가 지속하는 동안 평균 80여 명이 출석했습니다. 총회는 1643년 7월 1일에 런던의 웨스트민스터 사원(Westminster Abbey)에서 개회되었고 참석자들은 그 수를 동수로 하는 세 개의 위원회를 조직하여 그들에게 위임된 일들을 처리하기 시작했습니다.

일차적으로 그들에게 맡겨진 임무는 영국 교회의 39개 신조를 수정하는 것이었습니다. 하지만 얼마 되지 않아 의회는 엄숙동맹과 언약에 따라 '하나님의 거룩한 말씀과 가장 일치하는 권징과 치리를 고려하라'는 명령을 총회에 내렸습니다. 그 일을 진행하는 과정은 각 교파의 입장에 따라 논쟁이 심화되었고 1645년 겨울까지 아무런 결론 없이 논의를 이어갔습니다. 그러다가 1645년 3월에서야 '공예배 지도서'(The Directory for the Public Worship of God)를 내어놓게 되었습니다.

그 무렵 총회는 '신앙고백'(The Confession of Faith)을 작성하기 시작해서 이듬해인 1646년 12월 3일에 완성했고 신앙고백의 각 명제에 대한 증명 성구(biblical proof)를 첨부하여 1647년 4월 29일에 의회에 보고했습니다. 그리고 총회는 그 신앙고백을 표준으로 하여 두 개의 교리문답서의 작성에 착수해서 대교리문답(The Larger Catechism)을 1648년 4월 14일에 완성하여 의회에 송부했고 소교리문답(The Shorter Catechism)은 그 이전인 1647년 11월 5일에 의회에 송부했습니다.

1647년 10월 13일에 의회는 시험적으로 잉글랜드에 장로교회를 조직하여 노회와 지역 노회들을 조직했지만, 독립파 교인인 올리버 크롬웰(Oliver Cromwell, 1599-1658)에 의해 의회가 장악되자 이내 유명무실해지고 말았습니다.

두 개의 교리문답을 작성하는 일을 마치자 총회에 참석했던 성직자들 대부분은 자신들의 교회로 돌아갔습니다. 하지만 런던에 남은 사람들은 목사 지망자와 취임 지망자들에 대한 시험을 담당하는 일을 계속하다가 1649년 2월 22일에 공식적으로 업무를 종료했습니다. 총회가 열리는 기간 동안 총 1163차례 회의가 열렸습니다. 신학자들은 그 회의들을 통하여 위원회가 작성하여 제출한 문서들을 열띤 토론을 벌이면서 검증한 끝에 '표준문서들'(Westminster Standards-공예배 지침서, 신앙고백, 대교리문답, 소교리문답)의 작성을 완료했습니다. 그 후에 총회는 목사 시험위원회로 변경되어 크롬웰이 장기 의회를 해산한 1652년 3월 25일까지 계속됐습니다.

이 표준문서들은 가장 먼저 스코틀랜드에서 인준되었고 이후 잉글랜드와 아일랜드의 교회들이 승인했습니다. 그리고 미국에서는 1729년에 장로교회들이 받아들여서 자신들의 신앙의 표준이 되는 문서로 인정했습니다. 우리나라에서는 1907년 최초의 독노회가 게일(J. S. Gale, 1863-1937) 선교사가 『성경요리문답』으로 번역한 것을 채택하였고, 1934년 총회에서 『조선예수교 장로회 신조와 소요리문답』이란 이름으로 발간한 후 장로교회 신앙의 표준으로 인정되고 있습니다.

2. 웨스트민스터 소교리문답의 내용과 언약 신앙적 특징

웨스트민스터 소교리문답은 그 앞에 작성된 신앙고백의 내용을 문답식으로 설명하고 있습니다. 그 내용은 전체 195개의 문답으로 되어있는 대교리문답의 내용 중에서 교회에 대한 부분을 제외한 신앙의 핵심적인 내용으로 구성된 107개의 간결한 질문과 대답으로 요약, 제시되었습니다. 전통적으로 소교리문답은 두 부분으로 되어 있는 것으로 인정되고 있는데, 그 첫째 부분은 다음과 같이 정리할 수 있습니다.

(1) 사람의 최고의 목적에 대하여(1)
(2) 하나님이 사람에게 주신 규칙과 요구하시는 의무에 대하여(2-3)

(3) 하나님의 본질에 대하여(4-6) : 하나님의 작정(7-8), 창조(9-10), 섭리(11-12)

(4) 사람의 타락과 죄(13-20)

(5) 그리스도에 대하여(21-22) : 그리스도의 직임(23-26), 그리스도의 낮아지심과 높아지심(27-28)

(6) 성령에 의한 구속의 적용에 대하여(29-30) : 효과적인 부르심(31-32), 칭의(33), 양자 됨(34), 성화(35), 신자의 유익(36-38)

이어지는 소교리문답의 둘째 부분은 신자들의 하나님에 대한 의무들에 대한 것으로 다음과 같습니다.

(7) 도덕법(40-42)과 십계명 해설(43-82)

(8) 율법의 범과와 보응에 대하여(83-84)

(9) 생명에 이르는 믿음과 회개에 대하여(85-87)

(10) 외적인 은혜의 수단에 대하여(88): 말씀(89-90), 성례(91-97), 기도(98-99)와 주기도문 해설(100-107)

소교리문답의 첫 번째 질문은 명백하게 존 칼빈의 『제네바 교리문답서』의 영향을 받은 것으로 인정되고 있습니다. 전반적으로 소교리문답은 다음과 같은 특징이 있습니다. 먼저 내용의 간결함(brevity)과 명료함(clarity)이 가장 두드러집니다. 그리고 하나님 중심(theocentric)이 강조되고 있으며, 또한 사람의 구원에 대한 적절한 설명(appropriate expression)이 제시된 것 등이 그것입니다. 대체로 소교리문답은 청교도들의 교리문답의 최고의 결실로 인정되고 있습니다.

총회가 개회될 당시 영국교회에는 율법폐기론(Antinomianism)이 심각하게 교회를 위협하고 있었는데, 그 핵심은 믿는 사람들에게 도덕법으로 일컬어지는 율법이 더 이상 유효하지 않으므로 율법을 지킬 필요가 없다는 주장이었습니다. 이로 인하여 총회는 당시에 영향력을 행사하고 있던 율법폐기론자 9명을 거명하면서 그들의 책들과 설교에 대한 조치가 이루어져야 한다고 주장했습니다.

총회의 신학자들이 보기에 율법폐기론의 가장 큰 위험은 믿음에서 회개를 제거해버렸다는 것이었습니다. 그렇기 때문에 그들은 자신들이 위임받은 39개 신조의 개정안을 작성할 때, 이에 대한 확실한 조치가 취해져야 할 것을 분명하게 서술했습니다.

따라서 총회의 신학자들은 율법폐기론의 위험을 직시하면서 표준문서들을 작성했는데 언약신학을 그 신학적 토대요 근본으로 삼았습니다. 그리하여 신앙고백은 제7장에서 언약을 설명하고 있고, 신앙고백의 순서에 맞추어 작성된 대교리문답과 소교리문답 또한 동일합니다. 대교리문답은 전체 196개의 문답 중에 20번부터 35번까지 언약에 대하여 진술하고 있습니다.

소교리문답은 전체 107개의 문답 중에 12번과 20번에서만 간략하게 언약을 다루었지만 그 이전과 이후의 내용들이 전체적으로 언약을 바탕으로 하고 있습니다. 그것은 소교리문답의 첫 번째 질문인, 하나님을 영화롭게 하고 영원토록 그를 즐거워하는 것이라는 사람의 최고의 목적에 대한 질문과 그것을 실천하는 방법으로서 성경을 제시하는 두 번째 문답에서 하나님께서 주신 '유일한 규칙'(only rule)이라는 용어를 사용하는 것을 통해 확인되는데, 이러한 표현 자체가 언약을 전제한 것입니다. 그리고 이어지는 세 번째 질문에서 성경이 주요하게 가르치는 것이 무엇인가에 대한 질문에는 '하나님이 사람에게 요구하시는 의무'(duty God requires of man)라는 표현이 있는데 이 요구라는 표현 또한 언약의 의무조항들을 준수할 의무를 암시하고 있습니다.

'하나님이 요구하신다'는 표현은 소교리문답에서 이후에도 14회 사용되었습니다. 즉, 소교리문답의 두 번째 부분이 시작되는 39회, 그리고 이후의 십계명 해설에서 모두 11회 사용되었습니다.

그리고 율법을 온전히 지키지 못함으로 직면하게 된 하나님의 진노와 저주에서 피하도록 주신 은혜의 방편에 대한 설명인 85번, 그리고 성찬을 합당하게 받는 태도를 설명하는 97번에서도 사용되었습니다. 이렇게 소교리문답은 전체적으로 언약의 틀 안에서 그 내용을 펼쳐가고 있습니다.

3. 소교리문답의 구조에 대한 새로운 이해

일반적으로 웨스트민스터 소교리문답은 이중의 구조로 되어있는 것으로 이해되고 있습니다. 즉, 하나님에 대하여 믿어야 할 것(1-38번)과 하나님이 신자에게 요구하시는 의무에 대한 것(39-107번)에 대한 이중구조로 이해하는 것인데, 소교리문답 자체가 그것을 분명히 보여 주고 있음으로 그러한 방식의 이해는 타당합니다.

하지만 소교리문답이 전체적으로 하나의 구조로 되어있음을 주목해야 합니다. 그것은 소교리문답이 하나의 중심 주제를 염두에 두고 일관되게 전체를 서술하고 있음을 파악하는 것인데 바로 **신자의 거룩한 삶**이 그것입니다. 이것은 소교리문답의 첫 세 질문이 전체 구조에 대한 기초요 토대를 이루고 있음을 뜻합니다. 그래서 4번부터 38번까지는 신자가 하나님에 대하여 믿어야 할 사항들을 설명합니다.

그리고 이어지는 39번부터 107번까지는 앞의 내용을 믿음으로 받아들이는 것을 전제로 하여 신자들이 실제의 삶에서 거룩한 삶을 살아가도록 가르치고 격려하고 있음을 인지해야 한다는 것을 가르칩니다. 그러므로 소교리문답이 이렇게 일관된 구조와 형식의 통전적인(holistic) 관점과 구조로 되어 있음을 인식하고 그에 따라 새롭게 접근할 필요가 있습니다.

이러한 접근방식의 타당성은 다음의 몇 가지 사항을 통하여 확인됩니다.

첫째, 소교리문답이 율법에 대한 설명에 상당한 부분을 할애한 것입니다. 소교리문답은 전체 107문항 중 43개 문항이 율법에 대한 해설로 할당되었는데 이는 전체의 40퍼센트에 해당됩니다. 소교리문답이 그렇게 상당한 비율로 율법에 대하여 강조하는 것은 단지 율법의 의미를 해설하고자 함이 아니었습니다.

오히려 소교리문답을 신자들의 삶에 직접적으로 관계되는 실제적인 삶의 지침으로 제시하고자 함입니다. 그래서 소교리문답은 율법을 해설하면서 '우리'라는 표현을 빈번하게 사용합니다. 즉, 소교리문답은 단지 율법을 해설하는 것에서 멈추지 않고 17세기 당시의 영국의 삶의 정황들을 고려하면서 그 적용과 실천 방법을 제시하고 있는 것입니다.

둘째, 소교리문답은 십계명을 해설한 후에는 신자들이 그것들을 온전히 순종하지 못하는 현실(82번)과 그에 대한 하나님의 진노와 심판을 언급한 후에(83-84번), 그러한 진노와 심판에서 피하도록 하나님이 신자들에게 요구하시는 믿음과 회개에 대하여 언급하면서 '새로운 순종'(new obedience)이라는 표현을 사용합니다(87번). 이 새로운 순종이란 말은 언약의 맥락에서 나온 것입니다. 즉, 첫 사람과 맺은 언약에서 사람에게 주어진 하나님의 법으로서의 도덕법(the Moral law)을 타락함으로 인해 온전히 순종하지 못한 것을 염두에 둔 표현인데 40번에서 그것을 설명하고 있습니다.

> 문: 하나님께서 자기에게 복종할 법칙(the rule of his obedience)으로서 사람에게 처음 나타내 보이신 것은 무엇인가?
> 답: 하나님께서 자기에게 복종하도록 처음에 사람에게 계시하신 법칙은 도덕법(the moral law)이다.

이것은 신자들이 은혜 언약 안에서 회개와 믿음을 통하여(86, 87번) 새로운 마음으로 변화되어 율법을 순종할 능력을 부여받고, 그럼으로써 율법에 대하여 새로이 순종하게 됨을 분명히 하는 것입니다. 따라서 소교리문답은 신자들이 **율법에 대한 새로운 순종**을 통하여 거룩한 삶(godly life)을 살아가는 패턴을 제시하고 있는 것이고 그러한 삶이야말로 성화(Sanctification)를 이루어가는 삶임을 가르치는 것입니다.

셋째, 소교리문답은 이후에 은혜의 수단(the means of grace)의 활용에 대하여 설명하고 있는데(88번), 이것은 그러한 은혜 수단의 활용을 통하여 신자의 영혼이 새로워져서 하나님의 계명에 순종하여 행하는 삶으로 나아가도록 하는 데 그 목적이 있습니다. 즉, 말씀(89-90번)과 성례, 즉 세례와 성찬(91-97번)과 기도(98-107번)를 통하여 회개하고 믿음이 강화되어 새로워진 마음으로 하나님의 법인 율법, 도덕법을 순종하는 삶을 살아가도록 격려하고 있다는 것입니다.

소교리문답에 대한 이러한 새로운 이해는 그 안에 설명된 죄와 구속에 대한 설명에서도 확인됩니다. 소교리문답은 죄를 '하나님의 율법에 대한 순종의 결여이거나 그것에 대한 범죄'로 선언합니다(14번). 그런데 여기서 하나님의 율법이란 창조 때에 인간의 마음에 새겨두신 법을 의미하는데(대교리문답 17번), 신앙고백의 설명으로 볼 때 양심을 의미합니다.

그리고 그 구체적인 방향과 양상은 하나님의 뜻, 혹은 하나님의 전체 경륜, 또는 하나님의 거룩한 경륜을 이해하고 실천하는 것으로 제시됩니다(신앙고백 I.1,6, III.1.6.). 그래서 소교리문답은 죄를 첫 사람 아담의 마음에 새겨진 하나님의 법의 지시와 다르게 금지된 열매를 먹음으로써 하나님의 뜻을 어긴 것으로 설명합니다(15번).

그리고 그의 모든 후손도 그 안에서 그와 함께 타락하여 죄와 비참의 상태에 처하게 되었으며(16번), 그런 상태에 있는 인간에게 죄란 아담의 첫 범죄의 죄책과 원래의 의의 결핍 그리고 본성 전체의 부패와 더불어 사람들이 실제로 범한 죄들을 의미합니다. 그 결과 사람은 '하나님의 교제에서 떨어졌으며', '죄로 죽은 자가 되었고', '영혼과 몸의 모든 기능과 부분들에서 전적으로 부패한' 상태에 있다고 설명합니다(19번).

이렇게 본성의 부패 상태에 있는 사람들을 구속(redemption)하시기 위하여 하나님은 바로 구속자로 말미암아 은혜 언약에 들어가셨다고 소교리문답은 설명합니다(20번). 이 설명에서 구속이란 그리스도 안에서 택함을 받은 사람들이 은혜 언약 안으로 들어가는 것을 뜻합니다. 대교리문답은 이를 위하여 하나님은 죄인들에게 믿음을 요구하시고, 성령을 주심으로 그들을 거룩한 순종의 삶을 살아가게 하신다고 설명합니다.

문: 하나님의 은혜가 둘째 언약에서 어떻게 나타나 있는가?
답: 하나님의 은혜가 둘째 언약에 나타났으니 곧 죄인들에게 중보와 그에 의한 생명과 구원을 값없이 예비하시고 제공하신 것이다. 또 그들이 중보되신 그리스도와 관계를 맺게 될 조건으로서 믿음을 요구하시고 그의 모든 택한 자에게

성령을 약속하시고 주심으로써 다른 모든 구원의 은총과 함께 그들 안에 믿음을 넣어주시고 저희로 모든 **거룩한 순종**을 할 수 있게 하신다. 이 순종은 저희 믿음과 하나님께 대한 감사의 참된 증거요 또는 하나님께서 그들을 구원에 이르도록 정하신 길이다(대교리문답 32번).

그러므로 소교리문답에서 구원은 은혜 언약으로 말미암아 죄인이 죄와 비참의 상태에서 벗어나게 되는 것을 의미하고, 그럼으로써 이전에는 불가능했던 마음에 새겨진 하나님의 법이며 하나님의 뜻인 도덕법을 이제 양심에 따라 온전히 순종할 능력을 입는 것을 의미하며, 그럼으로써 점점 더 하나님의 형상을 따라 완전을 향하여 나아가는 것을 뜻합니다.

이렇게 볼 때 소교리문답은 신자들이 은혜 언약을 통하여 죄를 사함 받고, 새로운 능력으로 하나님의 법을 순종함으로써 거룩한 삶을 살아가도록 가르치고 있습니다. 그러므로 우리는 소교리문답을 통하여 하나님의 백성으로서의 거룩함을 이루는 삶이 무엇인지를 배우고, 계명을 순종하는 삶을 격려 받는 동시에 자신을 검증하는 언약신앙의 교본으로 활용하도록 해야 할 것입니다.

함께 생각해보기

1. 우리 신앙에 있어서 최고의 관심은 어디에 있는지 이야기 나누어보십시오.

2. 소교리문답이 교회에서 적극적으로 사용되지 못한 이유가 무엇인지 이야기 나누어보십시오.

제7장

웨스트민스터 소교리문답과 성화(聖化)

1. 성화란 무엇인가?

성화(聖化, sanctification)란 그리스도의 형상을 따라 그리스도인의 마음과 삶이 점점 더 거룩해지는 것을 의미합니다. 성화는 하나님께서 베푸시는 구원의 은혜 가운데 우리를 하나님의 거룩하심에 참여하게 하시는 사역입니다. 믿음으로 우리가 하나님 앞에서 의롭게 되었다는 것은 선언적이지만 의롭게 된 사람은 실제로 거룩하게 됩니다.

믿는 사람이 거룩하게 된다고 할 때 그 기준은 하나님의 거룩하심입니다. 우리가 결코 하나님의 거룩하심과 같은 거룩함에 이를 수는 없을지라도 하나님의 거룩하심에 합류하기 위한 변화는 시작되고 일평생 계속됩니다.

거룩함은 언약에서 매우 핵심적인 사항입니다. 왜냐하면, 하나님께서는 '너희를 내 백성으로 삼고 나는 너희의 하나님이 되리니'(출 6:7)라고 말씀하시고 이후에도 자주 '나는 너희 하나님이 되겠고 너희는 내 백성이 되리라'(렘 7:23)고 말씀하셨기 때문입니다. 따라서 언약 백성의 삶은 거룩함과 직접 관련되는데 그것은 바로 하나님의 계명을 순종하는 것이라고 말씀하셨습니다(레 19:2; 20:7-8; 26:12). 그런데 이러한 거룩함에 대한 명령은 신약에서도 동일하게 강조되었습니다(벧전 1:15-16; 롬 6:19; 고후 7:1; 살전 4:7). 그러므로 거룩함은 언약 백성의 가장 분명한 표지요 특징이 되어야 했습니다.

하나님께서 구원하신 백성들을 거룩하게 하시지만, 그들은 자신을 거룩하게 해야 할 책무를 오롯이 감당해야 했습니다. 그래서 거룩함에 이르는 것, 즉 성화는 하나님의 주권과 사람의 책임이 함께 갑니다. 하나님께서 믿는 신자들에게 거룩하게 되라고 분명히 말씀하셨고 신자들은 그 명령에 순종하는 삶을 살아야 합니다.

그런데 성화에는 두 측면이 있습니다. 즉각적으로 거룩하게 되는 측면과 일생에 걸쳐 점점 더 거룩하게 되는 측면이 있습니다. 앞의 것을 결정적인 성화(definitive sanctification)라고 하고 뒤의 것을 점진적인 성화(progressive sanctification)라고 합니다.

결정적인 성화는 믿는 사람을 죄의 영역에서 하나님의 거룩함의 영역으로, 사탄의 나라에서 하나님의 나라로 옮기는 사건으로, 효과적인 부르심 및 중생과 동시적으로 일어납니다(히 9:13-14; 10:10; 13:12).[20] 이때 신자는 하나님의 백성이 되는데 바로 성령의 역사로 말미암아 하나님의 임재를 경험하며 하나님의 따뜻한 맞아주심을 경험합니다.

바로 이 사실 때문에 신약성경에서는 모든 신자가 거룩하게 되었다고 말합니다(행 20:32; 롬 1:7; 고전 1:2; 고후 1:1; 엡 1:1; 2:19). 그리스도를 믿는 '모든' 사람이 모두 그리스도에게 속하여 그리스도 안에서 성화된 것입니다. 그러므로 특정한 어떤 사람들만을 성인이라고 부르는 것은 성경의 가르침과 다릅니다. 모든 신자는 그리스도 안에 있기 때문에 믿지 않는 사

---

[20] 효과적인 부르심이란 일반적인 복음의 초청을 듣는 외적인 부르심과 달리 복음을 듣는 사람의 마음에 역사하여 믿게 하시는 성령의 사역을 일컫는 신학적인 설명이다.

람과 구별되고 거룩합니다. 신자는 그리스도 안에서 성화되었습니다.

사도 바울은 믿는 그리스도인이 그리스도와 함께 죽었다고 말하는데(롬 6:11-14; 갈 2:20; 골 3:3), 이것은 신자가 죄와 완전히 단절되고 그 지배에서 벗어났음을 의미하는 것으로서 결정적인 성화를 설명하는 것입니다. 이렇듯 결정적인 성화는 믿는 사람 안에 이전과는 완전히 다른 전환이 일어났음을 뜻합니다.

점진적인 성화는 신자의 실제의 삶에서 일어나는 점차적인 영적 성장을 의미합니다. 그런데 이 성장은 신자의 내면과 실제의 삶에서 그리스도의 오심을 기다리면서 계속적으로 그리스도를 닮아가는 과정을 의미합니다. 이것은 신자가 구원을 받아 거룩하게 된 것이 진실인 동시에 아직 이 땅에 사는 동안 경험하게 되는 죄의 영향력에 관한 실존적인 문제와 관련되어 있습니다.

그래서 성화는 진행 중인 과정이기도 합니다. 성화는 당연히 중생으로부터 시작되는데 그것은 중생이 신자 안에 주어진 새로운 생명, 하나님의 생명 활동이기 때문입니다. 이 점진적인 성화를 위하여 하나님께서 믿는 사람 안에서 일하시지만(살전 5:23; 히 13:20-21), 동시에 하나님은 그들에게 자신의 구원을 이루라고 말씀하십니다(빌 2:12-13).

물론 이러한 거룩함을 향한 소원과 삶이 일어나는 것은 전적으로 성령께서 신자들 안에서 역사하시기 때문입니다. 그런데도 이 성화에 있어서 신자들은 단지 수동적으로 행동하는 것은 아닙니다. 하나님께서 거룩함을 이루는데 필요한 모든 것을 주관하시지만 하나님은 신자의 생각과 정서와 의지를 사용하십니다(벧후 1:5-11).

즉, 거룩함을 이루는 성화에 있어서 하나님은 신자의 책임을 통해서 그 주권을 행사하십니다. 그렇기 때문에 신자는 처음에 거룩하게 된 것으로 멈추는 것이 아니고 성령의 역사로 말미암아 거룩함을 위하여 지속적으로 싸우고 경주합니다.

실로 성경은 신자들에게 거룩하게 되기 위한 삶을 살아야 한다고 강조합니다. 사도 바울은 이를 위하여 죄악된 성향을 죽이라고 말하며(롬 8:13; 골 3:5), 믿음의 싸움을 싸우기 위하여 하나님의 전신갑주를 입으라고 명령합니다(엡 6;10-20) 이렇게 점진적인 성화란 일생동안 계속되는 영적인 싸움을 의미하며, 그 싸움에서 물러나지 않고 담대하게 나아가 승리함으로 점점 더 하나님의 거룩하심을 닮아가는 과정을 의미합니다.

신자들은 중생할 때에 거룩하게 되었습니다. 그러나 그 거룩함은 이후의 믿음의 삶에서 더욱 또렷해지고 풍성하게 되며 점점 더 그리스도의 모습을 닮은 거룩한 사람이 되어갑니다. 웨스트민스터 소교리문답은 주로 점진적인 성화에 대하여 설명하고 있습니다.

2. 소교리문답의 성화(sanctification)

웨스트민스터 소교리문답은 신자의 성화가 하나님의 법을 순종함으로 이루어진다고 설명합니다. 먼저 소교리문답은 35번에서 성화를 다음과 같이 간단하게 설명합니다.

문: 성화는 무엇인가?
답: 성화는 하나님의 거저 주시는 은혜의 사역인데 이로써 우리는 하나님의 형상을 따라 전 인격이 새로워지고, 죄에 대하여는 점점 더 죽고 의에 대하여는 점점 더 살게 된다.

위의 대답에서 강조되는 것은 네 가지입니다.

첫째, 성화는 하나님의 거저 주시는 은혜로 이루어진다는 것이고,
둘째, 그 결과 신자는 인격적 변화를 경험하게 되는데 이는 그 특성상 수동적이라는 것입니다.
셋째, 성화는 점진적임을 분명히 합니다.
넷째, 성화의 양상은 죄에 대해서는 죽고 의에 대하여 산다는 것입니다.

이렇게 성화가 처음부터 하나님의 은혜 사역임을 강조하면서 동시에 죄에 대하여 죽고 의에 대하여 산다는 사실을 강조한 것은 율법폐기론의 오류에 대하여 명백하게 반대하고 있음을 밝히는 것입니다. 또한, 신자의 변화는 성령의 주어지심으로 인한 인격적인 변화이되 한순간이나 짧은 기간에 이루어지는 것이 아니라 일생 동안 계속되는 점진적인 과정임을 그 특징으로 설명하고 있습니다.

소교리문답의 이러한 간략한 설명은 대교리문답(The Larger Catechism)과 신앙고백(The Confession of Faith)의 성화에 대한 설명을 보면 그 의미가 더 분명해집니다. 먼저 대교리문답은 성화(75번)에 대하여 소교리문답과 동일하게 묻고는 다음과 같이 설명합니다.

> 답: **성화는 하나님의 은혜의 사역인데, 이로써** 창세전에 거룩하게 되도록 선택하신 자들에게 적당한 때에 그리스도의 죽음과 부활을 성령의 강력한 사역을 통하여 적용하시는 것이다. 그럼으로써 그들은 **하나님의 형상을 따라 전 인격이 새로워지고** 생명에 이르는 회개의 씨들과 모든 다른 구원하는 은혜를 그들의 마음에 두심으로 그 은혜들이 북돋워지고 증가되며 강화되게 하신다. 그리

하여 그들은 **죄에 대하여는 점점 더 죽고 생명의 새로움에 대하여는** 일어난다(강조된 부분은 소교리문답과 동일한 문구임).

대교리문답은 성화가 성령의 사역인 것을 강조하면서 그 대상인 신자들에 대하여 3인칭 복수(they/them/their)를 사용함으로 객관적으로 설명하고 있습니다. 반면에 소교리문답은 1인칭 복수(we)를 사용함으로 성화가 실제적이라는 사실을 강조합니다. 또 대교리문답에는 전인격이 새롭게 되는 것에 대한 내용에 대하여 소교리문답이 생략한 부분이 있는데 곧 생명에 이르는 회개의 씨와 다른 은혜들이 신자들 안에 두어졌다는 것입니다.

그리하여 그들은 은혜 안에 강건하게 되어 자신들 안에 있는 죄를 민감하게 인식하게 되어 기쁘게 순종의 삶을 살 의지를 갖게 된다는 것입니다. 이에 대하여 대교리문답은 하나의 문항(76번)을 별도로 할애하여 생명에 이르는 회개에 대하여 자세하게 설명합니다.

문: 생명에 이르는 회개는 무엇인가?
답: 생명에 이르는 회개는 구원하는 은혜로서 성령과 하나님의 말씀에 의하여 죄인의 마음에 역사하신 것이다. 이로서 자신의 죄의 위험성뿐 아니라 그 더러움과 추악함을 보고 느끼게 되고 또한 통회한다. 그로써 그는 그리스도 안에서 하나님의 자비를 이해하게 되어 자신의 죄에 대하여 근심하고 미워하고 그 모든 것들로부터 떠나 하나님께로 돌이켜서 **새로운 순종**의 모든 길에서 그와 함께 걷기를 목적하고 끊임없이 노력하게 된다(대교리문답 76번).

여기서 주목해야 할 것이 있는데, 그것은 문장의 마지막에 있는 '새로운 순종'(new obedience)이라는 표현입니다. 이것은 대교리문답이 성화를 설명할 때, 생명에 이르는 회개를 통하여 하나님이 최초 인간의 마음에 새기셨지만(17번), 죄로 말미암아 순종할 수 없게 되었던(24번) 하나님의 법(17법), 즉 도덕법(93번)에 대하여 새롭게 순종함으로 하나님과 함께하는 것으로 제시하고 있다는 것입니다.

하지만 대교리문답은 그러한 순종의 삶이 완전하지 않음을 이어지는 77번에서 설명합니다. '후자(성화)는 … 현세에서 결코 완성될 수 없으며 다만 완성을 향해 자라날 뿐이다.' 그리고 계속되는 78번에서 그 이유를 설명합니다.

> 문: 신자 안에서의 성화의 불완전이 어디에서 일어나는가?
> 답: 신자들 안에서의 성화의 불완전은 그들의 모든 부분에 남아있는 죄의 남은 것들과 영을 대적하는 육체의 지속적인 욕망으로부터 일어난다. 그로써 그들은 종종 유혹에 싸여서 많은 죄들에 떨어지고, 그들의 모든 영적 봉사에서 방해를 받으며, 그들의 최상의 일이 하나님의 목전에는 불완전해지고 더럽혀진다(대교리문답 78번).

이러한 대교리문답의 성화에 대한 설명은 신앙고백의 13장 '성화에 대하여'(Of Sanctification)의 진술에 따른 것입니다. 대교리문답의 75번은 신앙고백 13장 1항을 설명한 것이고 78번은 신앙고백의 13장 2항을 설명한 것입니다. 그러나 신앙고백에는 성화에 대한 설명이 하나 더 있습니다. 곧 신자의 내적 싸움이 일시적으로 패배하는 것 같으나 결국 성화의 완성을 향하여 나아간다는 설명이 그것입니다.

3. 이 싸움에서 잠시 동안은 남아있는 부패한 부분이 매우 우세한 것 같을지라도, 그리스도의 거룩하게 하시는 영으로부터 능력의 지속적인 공급으로 말미암아 중생된 부분이 승리한다. 그리하여 성도들은 하나님을 경외하는 가운데 거룩함을 완전하게 하면서 은혜 안에 자라간다(신앙고백 13장 3항).

이렇듯 신앙고백은 신자의 구원이 하나님의 영원한 작정과 섭리 그리고 언약에 의한 것임을 강조함으로 성화에 대하여도 긍정적이고도 최종적인 것을 강조합니다. 반면에 대교리문답은 신자의 실제적인 삶에 초점을 맞추고 있는 특성상 이 부분을 언급하지 않은 것으로 생각됩니다. 이로 볼 때 웨스트민스터 총회에 참석한 신학자들은 신앙고백을 통하여서는 하나님의 작정과 사역으로서는 구원이 완전하다고 진술하는 한편, 대교리문답에서는 인간의 반응으로서의 믿음은 불완전할 수밖에 없음을 진술함으로서 신자의 실제적인 삶에서의 믿음의 모습을 고려한 것으로 생각할 수 있습니다.

그러나 소교리문답의 성화에 대한 설명은 구조적으로는 대교리문답의 형식을 따르면서도 내용에서는 신앙고백의 설명을 따르고 있습니다. 즉, 비록 이 땅에서의 완전한 성화는 불가능할지라도, 그럼에도 신자는 지속적으로 죄에 대하여는 죽고 의에 대하여는 살아나는 삶을 통하여 성화되며 더욱 거룩하게 되기 위한 열망으로 앞으로 나아간다는 것입니다.

이렇게 볼 때 우리는 소교리문답을 일반적인 기독교 신앙의 도리를 설명하고 가르치고자 하는 일차적인 목적뿐 아니라, 현실 세상에서 하늘 순례자의 삶을 사는 동안 **거룩함을 갈망하고 추구하는 경건한 삶**을 살아감으로 점점 더 성화 되기 위한 지침서요 교과서로 적극적으로 활용하여야 할 것입니다.

함께 생각해보기

1. 성화에 대하여 이전에 배운 적이 있었는지, 어떻게 배웠는지 이야기 나누어 보십시오.

2. 우리의 믿음에서 성화가 중요한 까닭이 무엇인지 이야기 나누어보십시오.

제8장

소교리문답의 성화와 율법

1. 성화와 율법 순종의 관계

    소교리문답은 성화를 율법에 대한 순종과 연결합니다. 그것은 소교리문답이 구원에 대해 전체적으로 설명함에서 사람의 마음에 새겨진 하나님의 법을 순종하지 못한 죄와, 그것을 해결하고자 하시는 하나님의 은혜 사역이라는 언약의 구조로 설명하고 있기 때문입니다. 이것은 대교리문답에서 구원의 서정에서 다룬 '믿음'과 '생명에 이르는 회개'를 소교리문답에서는 십계명에 대한 해설 이후로 위치를 바꾼 것에서 확인됩니다.

    그렇게 함으로써 소교리문답은 신앙과 회개를 신자의 삶에 있어서 율법에 대한 지속적인 순종과 밀접하게 열결합니다. 즉, 대교리문답 76번, 77번의 설명처럼, 신자들이 실제의 삶에서 부패한 부분들의 영향으로 종종 시험과 죄에 빠져서 성화에서 멀어질 때 신앙과 회개를 통하여 다시금 성화의 길에 들어설 수 있음을 설명하는 것입니다.

    이러한 위치의 변화를 확인하기 위해서는 믿음과 회개에 대한 대교리문답과 신앙고백, 그리고 소교리문답의 설명을 자세히 살펴볼 필요가 있습니다. 먼저 대교리문답은 믿음과 회개를 하나님께서 그리스도 안에서 이루신 구원 사역의 적용으로, 구원 서정의 방식으로 객관적으로 설명합니다.

그래서 대교리문답 72번은 '의롭다 하는 믿음이 무엇인가?'(What is justifying faith)라고 묻고는, 이에 대한 대답으로 '의롭게 하는 믿음은 하나님의 성령과 말씀으로 말미암아 죄인의 마음속에 이루어지는 것으로 구원하는 은혜이다'라고 설명합니다. 그리고 이어지는 73번에서는 믿음이 어떻게 죄인을 의롭게 하는지에 대하여 다음과 같이 설명합니다.

> 답: 믿음은 하나님 앞에서 죄인을 의롭게 하는데 그것은 믿음에 동반하는 다른 은혜들 때문이거나 믿음의 열매인 선행에 의한 것이 아니며, 또한 믿음의 은혜 혹은 다른 어떤 행위를 의롭다 함을 위하여 그에게 전가시킴으로써가 아니라 오직 그 리스도와 그의 의를 받고 적용하는 수단일 뿐이다.

이러한 설명은 신앙고백 제11장의 칭의에 대한 설명에서 비롯된 것입니다. 신앙고백은 믿음이 '신자들에 의하여 행해진 것이 아니며, 그들의 믿음 자체나 다른 어떤 믿음의 순종을 그들의 의로 전가함으로써가 아니라 그리스도의 순종과 만족을 그들에게 전가함으로 된 것이다'라고 설명합니다.

또한, '생명에 이르는 회개'에 대해서도 대교리문답은 신앙고백과 동일하게 구원의 서정에 따라 '성화' 다음으로 설명하는데(76번), 내용도 거의 동일합니다. 신앙고백은 '생명에 이르는 회개'(Of Repentance unto life)를 다루는 제15장 1항에서 그것이 복음의 은혜라고 말한 후에 2항에서는 다음과 같이 설명합니다.

그것에 의하여 죄인은 하나님의 거룩한 본성과 의로운 율법에 상충되는 것으로서 자신의 죄의 위험성뿐만 아니라 더러움과 추악함을 보고 느낌으로써, 그리고 통회하는 자로서 그리스도 안에 있는 그의 긍휼을 이해함으로써, 자신의 죄를 슬퍼하고 미워합니다. 그리하여 그것들로부터 하나님께로 돌이켜서 그의 계명들의 모든 길에서 그와 함께 걷기를 목적하고 노력합니다.

그러나 소교리문답은 믿음과 생명에 이르는 회개를 구원 서정이 아닌 십계명 해설 이후에서 다루는데 율법에 대한 불순종으로 말미암은 하나님의 진노와 저주로부터 피하기 위하여 하나님이 요구하시는 세 가지들에 대한 순서를 따라 설명합니다(85번). 이러한 믿음과 회개에 대한 위치의 변동은 바로 그것들이 율법의 순종과 밀접하게 관련이 있음을 전제하는 것입니다. 그래서 소교리문답은 '예수 그리스도를 믿는 믿음이 무엇인가?'(What is faith in Jesus Christ?)라고 묻고는 이렇게 설명합니다. '예수 그리스도에 대한 믿음은 구원하는 은혜인데, 이로써 그가 복음 안에서 우리에게 제시한 대로 우리는 구원을 위하여 그만을 받아들이고 의지한다'(86번). 또한, 생명에 이르는 회개(87번)에 대해서는 이렇게 설명합니다.

> 생명에 이르는 회개는 구원하는 은혜인데, 이로써 죄인은 그의 죄에 대하여 참되게 느끼고 그리스도 안에 있는 하나님의 긍휼을 인식하여 자신의 죄에 대한 근심과 미움으로 그것으로부터 하나님께로 돌이켜서 완전한 목적과 노력으로 새로운 순종에 힘쓴다.

여기의 '새로운 순종'이라는 표현은 대교리문답(76번)에서 사용된 말을 그대로 사용한 것입니다. 즉, 신자들이 율법에 순종하는 삶을 실패하는 경우에 그리스도를 믿는 믿음과 회개함으로 새로운 순종의 힘을 얻어서 다시 성화의 삶의 길로 나아가게 된다는 의미입니다.

여기서 신앙고백에서 율법의 순종을 통한 성화를 말할 때 '선행'도 그에 속한 것으로 설명하는 것을 주목할 필요가 있습니다. 먼저 신앙고백은 선행에 대하여'(XVI. Of Good Works)를 '생명에 이르는 회개'에 이어 설명하는데 그 순서를 보아도 상호관련성이 엿보이는데 그 내용에서는 더욱 그렇습니다. 신앙고백의 '선행에 대하여' 1항은 '선행은 오직 하나님께서 그의 거룩한 말씀 가운데서 명령하신 것'이라고 설명합니다.

그리고 2항에서 선행은 '참되고 살아있는 믿음의 열매이자 증거'라고 하면서 '하나님의 계명들에 순종함으로 행해진 것'이라고 말하고 '이로서 거룩함에 이르는 열매를 맺는'다고 설명합니다. 또한, 4항에서는 선행이 '그들의 순종 안에서'(in their obedience) 행해지는 일이라고 설명하고 5항에서는 그것이 '우리의 의무를 행한 것뿐'(we have done but our duty)이라고 말합니다.

성화가 율법의 순종을 통해서 이루어진다는 것은 신앙고백의 '하나님의 율법에 대하여'(XIX. Of the Law of God)에서도 확인됩니다. 그 1항은 '하나님이 아담에게 한 법을 주셨다'(God gave to Adam a law)고 말하면서 그 법으로 하나님은 자신을 아담과 그의 모든 후손들을 '그 성취에는 생명을 약속하시고 범과(犯過)에는 죽음으로 위협하시는 개인적이고 전체적이며 정확하고도 영속적인 순종으로 묶으셨다'고 설명합니다.

2항에서는 아담이 타락한 후에도 '이 법이 계속하여 의에 관한 온전한 법으로 남아있게 되었고, 시내산에서 모세를 통하여 주신 십계명으로 선포되었다'고 설명합니다. 그리고 3항에서는 '이 법은 일반적으로 도덕법으로 불린다'고 설명합니다. 또한, 5항에서는 '도덕법은 모든 사람을 영원히 묶는다'고 말하고, 6항에서는 특별히 이 법이 신자들에게 '하나님의 뜻과 그들의 의무를 제공하는 생활의 법칙으로 그에 따라 살아가도록 지도하고 묶는다'고 자세히 설명합니다.

그리하여 율법은 '그들의 본성과 마음과 삶의 죄된 부패를 발견하게 하며 그것으로 자신을 검증하며 죄를 더욱 깨닫게 하고 겸손하게 하며 죄를 미워하게 함으로 그들에게 그리스도가 필요함을 더욱 밝히 보게 한다'고 설명합니다. 이에 대한 증명 성구로 제시된 로마서 6장 14절과 7장 23-25절 등은 성화에 대한 증명 성구로 인용되기도 하였는데 이로 보아 신앙고백의 율법에 대한 설명은 성화에 관한 내용이라고 볼 수 있습니다.

또한, 6항에서 율법을 '생활의 법칙'(a rule of life)이라고 표현한 것은 대교리문답 97번에서 도덕법을 설명하면서 그들의 '순종의 법칙'(the rule of their obedience)이라는 표현과 상응합니다. 그러므로 이러한 표현들은 대교리문답(76번)과 소교리문답(87번)의 '새로운 순종'(new obedience)을 뜻하는 것으로서 하나님의 법인 율법에 대한 순종과 같은 맥락임을 알 수 있습니다. 따라서 이러한 대교리문답과 신앙고백의 설명은 소교리문답이 성화를 율법의 순종과 관련하여 이해하는 것에 대한 정당한 토대라는 것을 알 수 있습니다.

2. 성화에서의 성령의 사역과 신자의 책임

그렇다고 해서 웨스트민스터 신학자들이 성화를 전적으로 신자의 믿음과 순종으로써 이루어지는 것으로 이해한 것은 아닙니다. 그들은 율법폐기론뿐 아니라 율법주의의 위험을 알고 있었고 그것을 피하고자 했습니다. 그러므로 그들은 소교리문답과 대교리문답 그리고 신앙고백에서 성화가 성령의 사역으로 말미암은 것임을 먼저 밝혔습니다. 소교리문답과 대교리문답은 일관되게 성화가 하나님의 은혜 사역으로 '하나님의 형상을 따라 전 인격에서 새로워진' 것임을 먼저 강조합니다. 신앙고백도 동일하게 '그리스도의 영이 행하도록 요구된 율법 안에 계시된 하나님의 뜻을 자유롭고 즐겁게 행하도록 사람의 의지를 억제하고 가능하게 한다'고 강조합니다.

성화에 있어서 성령 사역의 우선성을 이해하기 위하여서는 소교리문답에서 성령에 대하여 언급하는 내용들을 살펴보는 것이 필요합니다. 왜냐하면, 소교리문답은 성령을 구원의 도리를 설명하는 앞부분에서부터 중요한 사역을 하시는 분으로 제시하기 때문입니다.

소교리문답에서 성령에 대한 언급은 하나님의 '위격'에 대한 설명에서 처음 나옵니다(6번). 그리고 그리스도의 동정녀 마리아에게 잉태되신 것이 '성령의 능력으로' 된 것이며(22번), 그리스도께서 선지자직을 수행하신 것도 '말씀과 성령에 의하여' 감당하신 것(24번)으로 설명합니다. 이후의 성령 사역에 대한 진술은 주로 그리스도께서 이루신 구원을 택하신 자들에게 적용하시는 분으로 설명하는 부분에서 언급됩니다.

> 우리는 그의 거룩한 성령에 의하여 우리에게 구속을 효과적으로 적용하시는 그의 거룩한 성령에 의하여 그리스도께서 사신 구속의 참여자가 된다(29번).

그리고 계속해서 성령께서 구속사역을 적용하시는 방법에 대하여 설명합니다. '성령께서는 우리 안에 믿음을 역사하심으로, 그리고 그것으로 우리의 효과적인 소명 안에서 우리를 그리스도에게 연합하게 하심으로 그리스도께서 사신 구속을 우리에게 적용하신다'(30번). 그리고는 효과적인 부르심 또한 성령께서 '우리의 죄와 비참을 깨닫게 하시고 우리의 마음을 밝혀 그리스도를 알게 하시며 우리의 의지를 새롭게 하시고 우리를 권하여 능히 복음 가운데서 우리에게 값없이 주신 예수 그리스도를 믿게 하시는' 일이라고 해설합니다(32번).

물론 소교리문답 35번 성화에 대한 설명에서는 성령을 직접 언급하지는 않고 '우리는 전 인격에서 새롭게 된다'(We are renewed of the Whole man)라고만 말합니다. 그러나 그에 대한 동일한 설명인 대교리문답 75번에서는 그 사역이 '그의 영의 강력한 사역으로 말미암은 것'(through the powerful operation of his Spirit)임을 분명히 합니다.

그리고 소교리문답 36번에서는 이생에서의 칭의와 양자, 성화의 유익을 누리는 것에 대하여 말하면서 '성령의 기쁨'(joy in the Holy Ghost)을 말합니다. 또한, 89번에서는 하나님의 말씀인 성경이 효력 있게 역사하는 것 또한 성령의 사역이라고 말합니다. 마지막으로 91번에서는 성례가 효력 있게 되는 것도 신자들 안에 역사하시는 성령의 사역으로 인한 것이라고 말합니다.

이와 관련하여 특별히 주목해야 할 부분이 있는데 바로 소교리문답 30번입니다. 왜냐하면, 거기에서는 구원의 적용 사역이 성령의 사역임을 직접 제시하기 때문입니다.

> 문: 성령께서는 그리스도께서 사신 구속을 어떻게 우리에게 적용하시는가?
> 답: 성령께서는 우리 안에 믿음을 일으키심으로써, 그리고 효과적인 부름으로 우리를 그리스도에게 연합시키심으로 그리스도께서 사신 구속을 우리에게 적용하신다.

이 부분은 신앙고백과 대교리문답에 정확하게 상응하는 부분이 없습니다. 신앙고백과 대교리문답은 구원 사역의 적용이 성령의 사역이라는 것을 전체 내용에서 부분적으로 언급했을 뿐이지만 소교리문답은 그것을 하나의 문답으로 제시함으로써 구원 사역의 적용이 성령께서 하시는 것임을 직접 밝혔습니다. 이것은 성령 사역의 중요성을 강조하는 소교리문답의 두드러진 특징이라고 할 수 있습니다. 왜냐하면, 그 30번은 신자들이 믿음을 갖게 되고 효과적인 소명으로 그리스도에 연합되도록 하는 이가 바로 성령이심을 구체적으로 설명하기 때문입니다. 이것은 그리스도께서 완성하신 구속 사역을 성령께서 신자들에게 적용하시는 사역을 하신다는 것을 명시적으로 제시한 것입니다.

이렇게 소교리문답 30번은 신자에게 성화가 실제로 이루어지는 데 있어서 성령의 주도적인 사역을 매우 강조하고 있습니다. 그러므로 신자의 성화에 있어서 성령의 주도성을 기억하는 것은 우리의 믿음에 있어서 매우 중요합니다.

이와 함께 성화에 대한 신앙고백의 설명에 상응하는 대교리문답 77번의 설명도 주목해 볼 필요가 있습니다. 즉, 칭의와 성화를 구별하여 설명하면서 '칭의에 있어서는 하나님께서 그리스도의 의를 전가하시고(imputes) 성화에서는 은혜를 주입하신다(infuses)'는 표현이 그것입니다. 주입하신다는 표현은 개혁신앙에서 이미 명료하게 정리된 사항이라고 할지라도 매우 담대한 표현입니다. 왜냐하면, '주입'이라는 단어 자체의 사용이 오해의 소지가 있기 때문입니다.

사실 이 단어는 주로 로마 가톨릭교회에서 칭의를 설명하는데 사용한 단어입니다.[21] 당연히, 웨스트민스터 신학자들은 로마교회의 칭의 교리의

---

21 로마교회의 교리에서 칭의와 성화는 구분되지 않는다. 그들의 교리에서 칭의는 평생의 과정이며 그것은 성화로 점차로 드러난다고 한다. 그런데 그들의 칭의 교리의 핵심은 예수 그리스도의 의가 믿는 자들에게 주입된다고 주장한다. 즉, 믿는 자들에게 내재적으로 그리스도의 의가 주입된다는 것이다. 하지만 종교개혁자들의 사상을 이어받은 웨스트민스터 총회의 신학자들은 그리스도의 의의 주입이 아니라 그의 순종과 대속을 믿는 사람에게 외적으로 전가하심으로 의롭게 하셨음을 '신앙고백서'에서 분명하게 설명했다. 존 페스코, 『역사적 맥락으로 읽는 웨스트민스터 신앙고백서』(Theology of Westminster Standards), 신윤수 역 (서울: 부흥과 개혁사, 2018), 275.

오류를 잘 알고 있었고 성화가 칭의 이후에 주어지는 은혜인 것을 분명하게 알고 있었습니다.

그러면서도 웨스트민스터 신학자들은 주입이라는 단어를 사용하는데 매우 신중했던 것으로 보입니다. 왜냐하면, 총회의 의사록에 따르면, 처음에는 '주입'이라는 단어가 아닌 '본래적인'(inherent)이라는 단어로 결의되었기 때문입니다.

> 문: 칭의와 성화는 어디에서 다른가?
> 답: 성화가 불가분리하게 칭의와 연결되어 있음이 그 자체로 분명할지라도, 그것들은 다음과 같이 다르다. 칭의는 전가된 의에 의한 것이고 성화는 **본래적인** 은혜에 의한 것이다. 전자에서 죄는 사해지고 후자에서는 억제된다. 전자는 모든 신자에게서 동일하고 이생에서 완전하지만, 후자는 완전에 대한 정도에 의하여 그것 중의 각각에 자람에 있어서 모든 신자에게 동일하지 않다(강조는 필자).

그러나 최종적으로 확정되어 표준문서로 출판된 대교리문답에서는 설명을 조금 더 추가하는 동시에 능동태문장으로 바꾸어 칭의와 성화의 주체가 하나님이심을 밝히면서 '본래적인'(inherent)이 아닌 **'주입하신다'(infuses)**로 바꾸었습니다. 그렇게 한 것은 성화에 있어서 신자의 실제적인 변화를 위하여 성령께서 역사하시는 것을 강조하기 위한 것으로 볼 수 있습니다. 이러한 강조는 소교리문답의 성화에 대한 설명에서 '우리는 새로워지며, 할 수 있게 된다'라는 표현으로 강조되었습니다.

그만큼 웨스트민스터 신학자들에게 성화는 실제적인 측면에서 매우 중요한 주제였습니다. 그렇게 보면, 성화에서 하나님께서 '그의 성령을 주입하신다'(his Spirit infuses)는 대교리문답 77번의 설명은 성화가 '하나님께서 이루시는 은혜의 사역'이며, '하나님의 형상에 따라 그들의 전 인격이 새롭게 된다'라는 대교리문답 75번의 추가적인 설명이고, 그 결과 신자들은 '실제적이고 인격적으로 더욱 성화된다'는 신앙고백 13장의 설명을 해설하는 것으로 볼 수 있습니다.

또한, 이것은 성화가 전적으로 성령으로 말미암아 시작되는 것임을 강조하는 동시에, 성령의 역사가 있으면 신자는 실제로 변화되어 하나님의 법을 지킬 의무를 행할 수 있게 되는 것으로 이해하고 있음을 보여준다고 할 수 있습니다. 이것은 예수님께서 나사로를 살리신 사건(요 11:43-44)을 생각해보면 잘 이해가 됩니다. 죽은 나사로는 스스로는 아무것도 할 수 없지만 예수님께서 부르시자 그는 실제로 무덤에서 나왔습니다. 이처럼 사람은 스스로 거룩한 삶을 살아갈 수 없지만 성령께서 역사하시면 그는 실제로 거룩한 삶을 살아가게 됩니다.

사실 웨스트민스터 신학자들은 언약적인 삶이란 '순종하는 사랑'(obedient love)에 있는 것으로 이해하고 있었습니다. 그렇게 볼 때 성화에 대한 대교리문답 77번의 설명은 성화의 주체, 혹은 패러다임에서의 중요한 전환을 제시한 것으로 볼 수 있습니다. 즉, 성령의 주도성을 강조하는 동시에 실천적인 측면에서 신자의 책임을 조화롭게 표현하고 있기 때문입니다.

소교리문답은 성화를 설명하면서 성화의 주체가 성령이심을 매우 강조합니다. 참으로 성령께서는 신자에게 새로운 마음을 주입하셔서 신자가 즐거운 마음으로 하나님의 법인 율법을 새롭게 순종할 수 있게 하신다고 말하기 때문입니다. 동시에 소교리문답은 성화에서의 신자의 책임도 강조합니다. 그것은 신자가 이 세상에서 완전하게 성화되어 율법을 완전하게 지킬 수 있는 것은 아니며, 실제의 삶에서 신자들은 종종 율법을 범하게 되는 현실을 고려하고 있습니다.

하지만 신자들이 율법의 순종에서 실패할지라도 믿음과 회개를 통하여, 즉 은혜의 수단들을 활용함으로 성령의 새롭게 하심을 입게 됩니다. 그러면 신자들은 율법에 순종하고자 하는 새로운 결심을 하게 되고 성화의 삶으로 나아가기 위한 실제적인 실천과 노력에 힘씁니다.

당연히, 웨스트민스터 신학자들은 율법에 순종하는 신자의 행위를 은혜를 얻기 위한 방편으로서가 아니라, 은혜를 입은 사람의 마땅한 반응으로 기쁘게 순종하는 것으로 이해했습니다. 또한, 그들은 신자의 성화를 평생에 걸쳐서 이루어지는 과정으로 이해했습니다. 성화에 대한 이러한 이해는 신자의 성화 여정을 마치 나선형으로 확장되며 뻗어가는 궤적과 같다고 할 수 있는데 실제 신자 삶의 모습을 사실적으로 이해한 것이라고 할 수 있습니다.

함께 생각해보기

1. 그동안 하나님의 율법에 대하여 어떻게 대하여 어떻게 생각하고 있었는지 이야기 나누어보십시오.

2. 율법의 세 가지 용도에 대하여 설명해 보십시오.

제9장

성화를 위한 삶: 계명의 순종

그리스도에 대한 믿음으로 하나님과의 언약 안으로 들어간 사람은 이제 그 언약의 의무조항(stipulations)을 순종하는 삶을 살아갑니다. 그것은 처음부터 우리 안에 심겨진 창조의 법, 마음의 법을 기쁨으로 행하는 삶입니다.

1. 도덕법(the Moral Law)

언약의 의무조항이란 바로 도덕법을 의미합니다. 그러므로 순종의 삶이 어떤 삶인지를 알기 위해서는 먼저 도덕법에 대하여 살펴보아야 하는데 소교리문답은 이에 대하여 다음과 같이 간략하게 설명합니다(소교리문답 40번).

> 문: 하나님께서 자기에게 순종할 규칙으로서 사람에게 처음 나타내 보이신 것은 무엇인가?
> 답: 하나님께서 자기에게 순종할 법칙으로서 사람에게 처음 나타내 보이신 것은 도덕법이다.

그런데 대교리문답은 도덕법에 대하여 무려 8개의 문항으로 자세하게 설명하는데 그 설명들을 살펴보는 것은 매우 유익합니다. 먼저 91번에서는 하나님께서 사람에게 요구하시는 의무가 무엇인지에 대하여 묻고는 그것은 바로 하나님의 '계시된 의지에 순종하는 것'이라고 대답합니다.

그리고는 이 도덕법이 하나님께서 아담과 하와와 맺은 행위 언약을 통해 주신 순종의 규칙이라고 말하면서 그것은 아담을 대표로 하는 모든 인류에게 계시하신 순종의 법칙이라고 설명합니다(92번). 그리고 이어서 도덕법이 무엇이냐고 묻고는 아래와 같이 자세히 설명합니다(93번).

> 답: 도덕법은 인류에게 선포된 하나님의 의지이다. 모든 사람이 개별적으로 온전하게 영원토록 이 법을 지켜 순종하되 마음을 다하고 성품을 다하고 힘을 다하여 하나님과 사람에게 마땅히 해야 할 모든 의무를 성결과 의로 행하도록 지시하고 요구한다. 이 도덕법을 지키면 생명을 약속하고 이것을 위반하면 죽음으로 경고한다.

이후의 질문과 대답들에서 대교리문답은 첫 사람 아담과 하와가 사탄의 유혹으로 말미암아 타락했으며 그래서 도덕법을 온전히 순종할 능력을 상실했다고 말합니다. 그럼에도 도덕법은 여전히 모든 사람에게 공통적으로 유효하다고 설명합니다(94번).

그것은 도덕법을 통하여 사람이 하나님의 거룩한 성품과 그의 뜻을 알고, 또한 그것이 자신들의 의무가 되는 것을 알게 하는 것입니다. 동시에 도덕법은 사람이 자신들이 그것을 지키기에 본성적으로 매우 무능한 상태에 있음을 자각하게 함으로서 그리스도와 그의 완전한 순종이 필요함을 깨닫게 함에 있다고 설명합니다(95번).

대교리문답은 도덕법이 중생하지 못한 사람들에도 소용이 있음을 밝히는데, 양심을 일깨워서 그들에게 임할 진노를 피하기 위하여 그리스도께로 나아가게 하거나 현재의 상태에 그대로 머물러 있을 경우에는 핑계할 수 없게 한다고 말합니다(96번).

그리고는 중생한 사람에게는 도덕법이 특별히 더욱 유효함을 설명합니다. 즉, 그리스도를 믿는 사람은 도덕법을 따름으로써 의롭다 함을 얻는 것은 아니지만 오히려 그것이 믿는 사람들에게 그들이 그리스도와의 특별한 관계에 있음을 보여주는데, 은혜 언약으로 말미암은 구속의 은혜를 더욱 감사하는 순종의 법칙(the rule of obedience)이 된다고 설명합니다(97번). 그러면서 98번에서 이렇게 말합니다.

문: 도덕법이 어디에 요약되어 포함되어 있는가?
답: 도덕법은 십계명에 요약되어 포함되어 있다. 이는 시내산 꼭대기에서 하나님께서 음성으로 명령하시고 두 돌판에 친히 기록하신 것으로 출애굽기 20장에 기록되어 있다. 첫 네 계명에는 하나님에 대한 우리의 의무와 나머지 여섯 계명에는 사람에 대한 우리의 의무가 포함되어 있다.

이러한 설명은 대교리문답 17번의 하나님이 사람을 지으신 것에 대한 설명을 통해서도 알 수 있는데, 거기서는 '그들을 하나님의 형상대로 지식과 의와 거룩함으로 지으시고 그들의 마음속에 하나님의 법을 기록하시고'라고 설명합니다. 그리고 이에 대한 증명 성구로 로마서 2장 14-15절을 제시하는데 바로 양심을 가리킵니다.[22] 그러므로 대교리문답은 양심으

---

22 율법 없는 이방인이 본성으로 율법의 일을 행할 때는 이 사람은 율법이 없어도 자기가 자기에게 율법이 되나니 이런 일들은 그 양심이 증거가 되어 그 생각들이 서로 혹은 고발하며 혹은 변명하여 그 마음에 새긴 율법의 행위를 나타내느니라(롬 2:14-15).

로 도덕법의 존재를 증명하며, 십계명으로 도덕법에 대한 구체적인 내용을 제시하고 있습니다.

2. 십계명

소교리문답은 42번부터 81번까지 십계명을 해설합니다. 하지만 그에 대한 설명으로 들어가기 전에 십계명을 어떻게 이해하여야 하는지에 대하여 대교리문답을 설명을 살펴보는 것이 도움이 됩니다. 대교리문답 99번은 십계명을 어떻게 이해해야 하는지에 대하여 다음과 같이 제시합니다.

문: 십계명을 바르게 이해하기 위해서는 어떠한 법칙을 준수해야 하는가?
답: 십계명을 바르게 이해하기 위해서는 다음의 법칙을 준수해야 한다.
1. 율법은 온전한 것으로 누구나 전인격적으로 그 의를 충분히 따르고 영원토록 온전히 순종하여 모든 의무를 철저하게 끝까지 완수하여야 하며 무슨 죄를 막론하고 극히 작은 죄라도 금한다.
2. 율법은 신령하여 말과 행실과 태도만이 아니라 이해와 의지와 감정과 기타 영혼의 전역에 미친다.
3. 여러 가지 점에서 꼭 같은 것이 몇 계명 중에 명해졌거나 금지되기도 한다.
4. 해야 할 의무를 명한 곳에는 그와 반대되는 죄를 금한 것과 어떤 죄를 금한 곳에는 그와 반대되는 의무를 명한 것과 어떤 약속이 부가된 곳에는 그와 반대되는 경고가 포함되어 있고 어떤 경고가 부가된 것에는 그와 반대되는 약속이 포함되어 있다.
5. 하나님께서 금하신 것은 아무 때라도 해서는 안 되며, 그의 명하신 것은 언제나

우리의 의무이다. 특수한 의무는 언제나 행할 것만은 아니다.
6. 한 가지 죄 또는 의무 아래 같은 종류를 전부 금했거나 명령했는데 이들의 모든 원인, 방편, 기호와 모양과 이에 이르는 도전도 모두 포함되어 있다.
7. 우리에게 금했거나 명령된 일이라면 다른 사람들의 지위와 의무에 따라서 그들도 이를 피하거나 행하도록 도와줄 의무가 우리에게 있다.
8. 다른 사람들에게 명령된 것도 우리의 지위와 사명에 따라 그들을 도와야 할 의무가 있고 그들에게 금한 일에도 저희와 동참하지 않도록 조심할 의무가 있다.

이러한 설명은 십계명을 포괄적으로 이해해야 함을 의미하는데 계명들이 특별히 제유법(提喩法, synecdoche)[23]으로 되어 있음을 이해해야 한다는 뜻입니다. 위의 설명들은 지나친 것으로 보일 수도 있습니다. 그럼에도 이러한 설명들은 성경적 윤리의 본질에 대하여 매우 중요한 통찰을 보여주고 있습니다. 즉, 대교리문답의 설명들은 바로 계명을 바르게 이해하기 위한 지침으로서 그것들을 한 사람의 모든 상황에서 마음과 삶에 적용되는 것으로 보아야 한다는 뜻입니다.

그런 의미에서 '법칙1'은 하나님의 법에 대해서 확실한 진리를 천명하고 있는데, 하나님의 율법은 완전하여 영혼을 소성시킨다는 것입니다(시 19:7). 또한, 예수님의 가르침에 비추어볼 때 십계명은 사랑의 마음으로 지키도록 힘써야 함이 분명합니다(마 22:37-39). 즉, 계명은 행동 이전에 마음, 특히 사랑의 마음으로 행할 것을 명하고 있음을 기억해야 한다는 것입니다.

그리고 그런 마음은 구체적인 대상들과 상황에 실제로 적용되어야 하고, 그렇게 되기 위해서는 하나님의 도우심을 구하는 기도가 매우 절실함

---

[23] 제유법이란 사물을 설명할 때 그 일부로 그 전체를 설명하는 수사법이다. 예를 들면 '사람은 빵만으로는 살 수 없다'라고 할 때 빵은 사람이 먹는 음식 전체를 나타낸다.

을 인정하는 것을 뜻합니다. 그것은 십계명의 명령들이 자연인을 위한 도덕법의 측면이 있는 것도 사실이지만, 무엇보다도 하나님의 언약 백성으로서의 믿음의 실천으로 말씀하신 것이기 때문입니다. 그러므로 우리의 마음과 동기가 계명에 일치되는 은혜를 구하는 것은 무엇보다도 중요함을 잊지 말아야 할 것입니다.

물론 위에서 제시된 법칙들이 신약시대의 바리새인들이 만든 부가적인 제약처럼 될 위험이 있음도 유념해야 합니다. 계명을 더 잘 지키려고 만든 여러 가지 사항들이 오히려 하나님의 말씀의 충족성을 깨뜨릴 위험이 있기 때문입니다. 따라서 계명의 단순성을 깊이 이해하면서 동시에 계명을 구체적으로 순종하고자 할 때 숙고해야 할 지침으로 이해한다면 매우 유익할 것입니다.

3. 십계명의 이해를 위한 숙고사항

십계명을 이해하는데 있어서 몇 가지 살펴보아야 할 것들이 있습니다. 먼저 십계명은 명령의 형식으로 되어 있다는 사실입니다. 그것은 언약의 틀 안에서 주어진 것으로서 하나님께서 우리에게 무엇을 행하기를(하지 않기를) 원하시는지를 강력하게 보여줍니다. 그러므로 십계명은 언제나 우리와 하나님과의 언약의 관계 안에서 살펴보아야 합니다.

그런 면에서 십계명이 주어진 역사적인 맥락을 이해하는 것은 매우 중요합니다. 하나님은 이스라엘 백성에게 십계명을 주시면서 언약을 체결하셨는데(출 19:5-6), 그럼으로써 그들을 '제사장 나라와 거룩한 백성'으로 세우셨습니다. 그리고 이것이 신약에서 예수 믿는 사람들에게 적용되어 강조된 사실은 매우 큰 의미가 있습니다(벧전 2:9).

우리가 십계명을 지키는 것은 그것으로써 구원을 얻고자 하는 것이 아니고 오히려 주 예수 그리스도의 새 언약 안에서 은혜로 구원 얻은 사람으로서 세상을 위한 제사장직을 행함으로서 하나님의 거룩하심을 드러내는 동시에, 세상으로 하여금 은혜의 언약 안으로 들어오도록 자극하고 촉구하는 의미입니다.

또한, 십계명은 나중에 성경으로 형성되는 정경의 시초가 되는 것으로 매우 중요한 의미가 있습니다. 비록 십계명은 오경의 두 번째 책으로서 출애굽 사건의 맥락에서 주어졌지만 사실상 최초의 성경으로 불릴 수 있습니다. 왜냐하면, 오경 전체가 기록되기 전에 십계명이 먼저 주어졌고, 성막의 가장 거룩한 장소인 지성소에 있는 언약궤 안에 놓여 있었기 때문입니다(출 24:12; 31:18; 32:15-16; 신 5:22; 9:10) 예수님은 산상수훈에서(마 5-7장), 그리고 영생에 대하여 부자 청년에게 설명하실 때 십계명의 몇 계명들을 언급하셨습니다(마 19:16-19).

바울도 사랑이 율법의 완성이라고 말하면서 십계명의 몇 개를 언급했습니다(롬 13:8-10). 또한, 야고보도 율법의 통일성을 말하면서 십계명을 인용했습니다(약 2:8-13). 그러므로 십계명을 성경 계명의 핵심으로 주어진 것으로 이해하는 것은 매우 중요합니다.

한편 십계명이 출애굽이라는 역사적 맥락 안에서 주어졌기 때문에 십계명 중의 어떤 계명은 새 언약의 백성인 신약의 신자들에게 구약시대와 동일하게 적용하는 데는 무리가 있기도 합니다. 예를 들면, 제4계명은 엄격하게 신약시대에 그대로 적용되지는 않습니다. 이에 대해서는 다음 장에서 더욱 자세히 살펴볼 것입니다. 하지만 대개의 경우 십계명은 불변의 원칙을 나타내며 그 원칙은 모든 시대와 상황에 적용됩니다. 따라서 십계명은 인간의 삶의 모든 부분을 포괄하고 있으며, 성경 윤리의 요약이기 때문에 그에 대한 추가적인 설명을 자세히 살펴보아야 합니다.

십계명은 두 부분으로 되어 있는데 제1계명부터 제4계명까지는 하나님과 관련한 계명입니다. 제1계명은 다른 신을 두지 말라는 것이고, 제2계명은 어떠한 형태로든지 하나님의 형상을 만들지 말라는 것입니다. 그리고 제3계명은 하나님의 이름을 바르게 경배하라는 것이고, 제4계명은 안식일을 지키라는 것입니다. 이 계명들을 요약한다면 하나님은 하나님의 지으신 피조물과는 **완전히 다른 분**이시기 때문에 함부로, 임의로 상상하여 행동하지 않도록 주의하여야 하며 합당한 마음과 자세로 하나님을 경외해야 한다는 것입니다.

십계명의 둘째 부분은 사람들과의 관계에 대한 것입니다. 제5계명은 부모를 공경할 것을 명령하고, 제6계명은 생명을 존중하라고 명령합니다. 그리고 제7계명은 성윤리에 대하여 분명히 명령하고, 제8계명은 다른 사람의 재산을 존중할 것을 명령합니다. 이어지는 9계명은 정직함에 대하여 명령하며, 제10계명은 마음의 갈망을 바르게 통제하라는 명령입니다. 이 여섯 계명의 명령의 핵심은 사람들 사이의 거리를 유지하라는 것입니다.

물리적인 거리뿐만 아니라 사람들 사이의 마음의 **거리를 유지하여야** 한다는 것입니다. 물론 자기 자신의 마음을 하나님 앞에서 바르게 가지고 처신할 것을 명령받은 사람은 그에 대한 실제적인 실천으로 다른 사람을 존중해야 한다는 것입니다. 그렇게 하는 표시로서 다른 사람과의 일정한 거리를 인정하고 유지함으로써 이기적인 마음과 행동에 빌미를 주지 말라는 것입니다.

요약하면 계명은 마음에 초점을 맞추고 있습니다. 사랑의 마음, 그것이 바로 언약 백성으로서의 우리의 행동의 동기가 되어야 한다는 뜻입니다. 하나님께나 사람에게나 동일합니다. 실로 하나님의 성령은 우리에게 계명을 순종하는 마음을 주십니다. 그리하여 우리는 계명들을 기쁘게 순종하는 삶을 살아갈 수 있게 됩니다. 그런 삶은 신자 된 우리를 얽어매는 족쇄가 되는 것이 아니라 오히려 기쁨에서 우러나오는 즐거운 순종의 삶입니다.

그렇게 신자들은 하나님의 율법을 순종하면서 살아감으로 하나님을 영화롭게 하고 즐거워합니다. 그런 삶이야말로 성화를 이루어가는 거룩한 삶이며 그러한 삶을 통하여 신자는 점점 더 그리스도의 형상을 닮아 갑니다.

이후의 두 장에서 우리는 십계명 가운데 두 계명, 제4계명과 제5계명을 대표적으로 살펴볼 것입니다. 그렇게 하는 것은 웨스트민스터 신학자들이 이 두 계명을 다른 여덟 계명을 잘 순종하여 지키기 위한 토대가 되는 것으로 간주하여 설명하기 때문입니다. 그런 이해에 따라 필자 또한 이 두 계명을 십계명 연구와 토론을 위한 예시로 제시하고자 합니다.

독자들은 이 두 계명의 연구 사례를 살펴봄으로써 다른 여덟 개의 계명들에 대해서도 같은 방식으로, 그리고 더 창의적인 방식으로 연구하여 더욱 깊은 십계명의 이해에 다다르고 실제로 실천하는 삶을 살아갈 수 있으리라 생각합니다.[24]

---

[24] 개혁주의 신학에 따른 십계명 연구에 도움이 되는 자료들은 많이 있는데 특별히 다음의 책들이 유익하다고 생각되어 추천한다. 존 칼빈의 『칼빈의 십계명 강해』(비전북)와 토마스 왓슨의 『십계명 해설』(CLC)은 고전적이고, 존 M. 프레임의 『기독교 윤리학』의 제4부(535-1093)와 총신대 신학대학원 조직신학 교수였던 이상원 박사의 『21세기 십계명 이해』(지혜의 언덕)는 현대사회와 관련하여 십계명의 이해와 실천에 대하여 훌륭한 통찰력을 제시하고 있다.

함께 생각해보기

1. 그리스도인들이 십계명을 실제의 삶과 직결된 것으로 생각하지 않는 이유는 무엇인지 이야기 나누어보십시오.

2. 십계명 중 가장 어렵게 느껴지는 계명은 어느 계명인지 이야기 나누어보십시오.

제10장

언약인의 의무(1) : 제4계명

소교리문답은 도덕법으로서의 율법을 설명한 후에 십계명을 해설하는데 모두 39개의 문답으로 구성되어 있습니다. 각 계명에 대한 배분을 보면, 제1계명에서 제3계명까지와 제5계명은 각각 4개의 문답으로 되었고, 제6계명에서 제10계명까지는 각각 3개의 문답으로 구성되어 있습니다. 그런 반면 안식일에 대한 제4계명은 6개의 문답으로 구성되어 있습니다.

이것은 소교리문답을 작성한 웨스트민스터 신학자들이 17세기 중반 당시의 영국 교회의 상황을 직시하는 가운데 제4계명을 매우 중요하게 다루어야 한다고 생각하고 있었음을 보여주는 것입니다. 사실, 그들은 제4계명을 십계명 중에서 핵심적인 계명이 되는 것으로 간주했습니다.

17세기의 영국 청교도들은 신앙에 있어서 안식일의 준수를 매우 중요한 부분이라고 생각했습니다. 그들은 그날에 성경을 읽고 예배에 참석해서 설교되는 하나님의 말씀을 들으며 주어진 성찬에 참여하고 기도를 드리는 것을 통하여 신자들이 더욱 견고한 믿음 위에 서게 되어 하나님의 뜻을 행할 힘을 얻게 되는 것으로 이해했습니다. 그렇게 안식일을 지키는 것이 언약신앙에 부합하는 실천이라고 생각하였기 때문입니다.

존 프라이무스(John Primus)는 청교도들의 안식일 준수를 그들의 '삶의 방식'(a way of life)이자 '성화를 위한 최고의 수단'(the chief means of sanctification)으로 이해했다고 말했습니다. 그의 말은 웨스트민스터 신학자들이 '안식일 계명을 지키는 것이 다른 모든 계명을 지키는 데 도움이 된다'고 한 대교리문답 121번의 설명과 일맥상통한다고 볼 수 있습니다. 그러므로 소교리문답 제4계명에 대한 설명을 충분히 이해하려면 그 당시의 안식일에 대한 이해를 살펴보는 것이 크게 도움이 됩니다.

1. 16, 17세기의 청교도들의 안식일 이해

16세기에 이르기까지 영국 교회는 중세 로마교회의 영향 아래 있었기에 안식일에 대한 이해도 그에 따르고 있었습니다. 중세교회는 엄격한 안식일주의를 가르쳤는데 일요일은 종교에 드려져야 하는 날이며 일상적인 노동은 유예되어야 한다고 가르쳤습니다. 로마교회는 그들의 교령[25]에 따른 교회의 권위로 '일요일'(Sundays)과 '성일들'(holy days)을 매우 엄격하게 준수하도록 가르쳤습니다. 하지만 이론적 엄격과는 달리 실제에 있어서는 많은 방종으로 소란했습니다. 경건과 헌신의 마음으로 주일(Lord's day)을 보내는 대신에 여흥과 오락이 만연했기 때문입니다.

헨리 8세(Henry VIII, 1509-1547 재위)에 의해 영국 교회의 관할권이 로마 교황청에서 영국의 왕에게 귀속된 이후에도 그러한 상황은 크게 달라지지 않았습니다. 그래서 영국에서는 그러한 행동들을 제한하고 경건한 활동을

---

[25] 중세교회에서 교령(decretum, decree)이란 교회의 결정을 가리키는 용어이다. 이와 함께 법규(canones, canon)라는 용어도 사용되는데 법규는 교령을 부정하거나 거부하는 사람에 대한 파문선언을 담고 있다.

장려하기 위하여 수많은 안식일 법령이 공포되곤 했는데 1537년에 요크의 가톨릭 대주교가 발표한 금지명령이 대표적입니다.

> 성일들을 준수하고 지키기 위한 날들에 대하여 양떼에게 가르치라. 그들은 완전히 그들의 모든 세상적인 일들과 육체적인 업무와 직업들, 그리고 경기와 놀이의 집들, 특별히 모든 죄로부터 완전히 물러나야 하고, 사람의 영혼을 위한 영적인 일들에 완전하고도 전체적으로 자신을 사용하도록 하여야 한다. 그리하여 선술집과 음식점들은 이날들에 이용되거나 사용되어서는 안 된다. 다만 여행과 같이 그들에게 필수적인 일은 예외로 한다.

그러나 교회의 성일들은 여전히 대중의 여가를 위한 날이 되어서 교회의 성일들(holy-days)은 휴일들(holidays)이 되고 있었습니다. 사람들은 일요일 스포츠에 매혹되었으며 교회는 세속정신에 포로로 잡혔고 교회의 뜰은 지역 축제의 장소로 변질되었습니다. 교회는 민속춤(folk-dancing), 게임(games), 연회(banquets), 스포츠(sports), 익살(buffoonery), 축제(festivals), 장날(fairs)과 시장(markets)들이 열리는 공간이 되었고 결과적으로 교회의 안식일은 왁자지껄하고 흥청거리는 장소가 되곤 했습니다. 그 결과 '즐거운 옛 잉글랜드'(merry old England)라는 말이 생겨날 정도였습니다.

이런 상황 속에서 청교도들은 안식일은 다른 날과는 다른 날로서 엄숙하게 지켜져야 한다고 주장했습니다. 그들은 '절반 정도 개혁된'(halfly reformed) 교회의 안식일 이해가 온전히 개혁되어야 한다고 생각했습니다. 그들은 안식일은 세속적인 오락으로부터 자유로워야 하며 거룩한 예배를 위한 하루로서 보다 깊은 이해를 가져야 한다고 생각했습니다.

> 안식일을 거룩히 지키는 것은 우리에게 설교된 하나님의 말씀을 듣기 위하여 경건하고 존경하는 마음으로 함께 모이는 것이다. 또한, 믿음과 회개로 그의 성찬을 받으며 한 마음과 목소리로 함께 기도하는 것이다. 우리의 내적 안식을 외적 행함으로 보이는 것이다. 즉, 우리가 죄와 악함으로부터 쉬며, 하나님의 영이 우리 안에 거하시게 하여 이곳의 생활에서 우리의 영원한 안식을 시작하도록 일하시게 하는 것이다.
>
> -에드워드 데링(Edward Dering, c. 1540-1576)

그 무렵 거베이스 바빙턴(Gervase Bavington, 1549/1550-1610)은 안식일 계명이 모든 사람을 영속적으로 묶고 있음을 논증했습니다. 즉, 안식일을 거룩히 하는 것은 신자들이 그들의 모든 직업적인 노동으로부터 쉬는 것이며 동시에 예배를 위하여 모이고, 평생에 지속되는 죄로부터 쉬는 것이라고 했습니다. 그는 이레 중의 하루는 주를 섬기기 위한 것으로, 그날에 일과 오락을 중지하는 것은 그날의 본래적인 성별을 위한 의무로서라기보다는 그날을 경건과 성화의 일로 보내도록 하기 위함이라고도 말했습니다.

그러면서 토요일에서 일요일로의 날의 변화는 신약성경 사도행전 20장 7절, 고린도전서 16장 2절, 요한계시록 1장 10절에서 명백하게 가르치는 것이라고 주장했습니다. 그러므로 안식일에는 설교된 하나님의 말씀을 듣고 읽는 것과 성찬을 받으며 기도하고 가난한 이들과 병든 이들에게 구제를 행하는 것 그리고 창조의 사역을 묵상하는 것이 신자들의 의무라고 했습니다.

리처드 그린햄(Richard Greenham, 1542-1594)은 안식일 제정은 하나님께서 에덴동산에서 정하신 것이고 시내산에서 모세를 통하여 그것을 새롭게 하셨다고 말했습니다. 그는 안식일은 처음부터 사람에게 부과된 의무로서

도덕적이기 때문에 시대가 변하고 문화가 달라진다고 해서 취소할 수 있는 것이 아니라고 강력히 주장했습니다.

니콜라스 바운드(Nicholas Bownd, 1551/2-1613)도 주의 날의 노동은 중지되어야 한다고 주장했습니다. 하나님께서 그렇게 명령하신 이유는 그날이 게으름을 부리거나 정적인 상태로 아무 것도 하지 않고 지내도록 함이 아니라 경건에 힘쓰고 또한 필수적이고 긍휼에 관한 활동을 독려하기 위함이기 때문이라고 설명했습니다.

당시에 성경 다음으로 많이 읽힌 책인 『경건의 연습』(*The Practice of Piety*)에서 루이스 베일리(Lewes Bayly, c. 1575-1631)는 제4계명이 영속적으로 안식일을 지켜야 함을 분명히 한 것임을 밝혔으며, 토요일에서 일요일로의 변경은 성경이 일곱째 날이 아니라 7일 중의 하루를 규정하였기 때문에 제4계명의 도덕성을 침해하는 것이 아니라고 설명했습니다. 그는 제4계명의 의미와 유익에 대하여 다음과 같이 말했습니다.

> 안식일은 한 주간의 공급을 위한 하나님의 장날이다. 그날에 하나님은 우리를 자신에게 나아오도록 하신다. 그리고 금과 은이 없이(사 55:1-2) 천사들의 빵과 생명수와 성찬의 포도주와 우리의 영혼을 먹이는 말씀의 젖을 사라고 하신다. 또한, 우리의 믿음을 부요하게 하기 위하여 금을 사고 우리의 영적 어둠을 위하여 안약(眼藥)을 사고 우리의 더러운 벌거벗음을 덮기 위하여 그리스도의 의의 흰옷을 사라고 하신다(요 3:18).

이렇듯 당시의 청교도들은 안식일 준수에 대하여 강력하게 주장하였는데 이러한 주장은 안식일에 관한 당시의 국교회파의 주장을 논박하는 것으로서 그 핵심은 다음과 같습니다.

첫째, 안식일은 창조 시에 제정되었다는 것입니다. 그렇기 때문에 타락 전의 사람도 하나님을 예배하기 위한 시간에 묶이는 것은 자연스러운 일이라는 것입니다. 하나님은 모든 인간에게 그의 안식일을 지키기 위하여 특별히 일곱 번째 날을 두셨는데, 죄 없는 사람에게 안식일이 필요하였다면 죄 가운데 있는 사람에게는 더욱 그러하다는 것입니다.

둘째, 제4계명은 자연적 도덕법과 실정법적 도덕법으로 구분되기는 하지만 신약의 복음 아래서 철폐되거나 만료된 것이 아닌 한, 둘 다 영속적이라는 것입니다. 따라서 하나님의 법은 예배의 시간을 결정하는 기능을 하는데 그것은 교회의 결정에 맡겨진 것이 아니라는 것입니다. 하나님과 사람에 관한 원리들은 자연의 빛에 있으며 거기에서 나온 실제적인 결론이 자연법이라고 할 때, 자연의 빛 또는 자연의 법에 따라 7일 중의 하루가 하나님을 위하여 구별되어야 하는 것은 마땅하다는 것입니다. 그러나 자연법은 어느 날이 적합한 날인지를 지정하지 않았고 십계명에서도 7일 중의 하루가 적합하다고 하셨음이 분명하다는 것입니다.

셋째, 그리스도인들에게 있어 안식일에 적합한 이름은 주의 날이나 일요일, 또는 안식일이라는 표현이 다 적합하다는 것입니다. 하지만 안식일이 영적인 의무를 위한 날일 뿐 아니라 휴식을 위한 날임을 생각할 때 제4계명과 창조의 규례에 따라 주의 날을 안식일로 부르는 것도 타당하다는 것입니다.

넷째, 안식일의 지속시간은 24시간의 하루 전체로, 그렇게 하는 것이 하나님을 예배하는데 합당하다는 것입니다.

다섯째, 주의 날은 7일 중의 하루를 지키라는 십계명의 요구를 만족시킨다는 것입니다. 기독교의 안식일로서 할당된 특별한 하루는 신약성경에서 발견된다는 사실을 강조했습니다. 즉, 그리스도의 부활 이후 초창기의 그리스도의 교회는 주의 날을 제4계명에 해당하는 날로 지켰다는 것입니다.

여섯째, 안식은 쉼을 의미하기 때문에 안식의 휴식을 방해하는 것은 무엇이든지 불법적이라고 규정한 것입니다. 그럼에도 화재로 난 불을 끄는 것이나 홍수를 막는 것, 그리고 위험에 처한 동물을 구해내는 것 같은 필수적인 일들은 안식일에도 합법적이라고 인정한 것입니다.

일곱째, 주의 날에 합당한 거룩한 의무들이란 경건과 자비와 필수적인 일을 하는 것이라고 밝힌 것입니다. 그러나 그날은 한가로운 여흥을 위한 날이 아니므로 그날의 성별(聖別)을 방해하는 스포츠나 오락들은 금지되어야 한다고 했습니다. 물론 그것들 자체가 죄인 것은 아니지만 하나님의 계명을 범하게 할 때는 죄가 되는 것이라는 뜻입니다. 그러면서 청교도들은 주의 날을 즐거움을 억제하는 날로 볼 것이 아니라 오히려 하나님의 창조 선함을 즐거워하는 날로 인식해야 함을 강조했습니다.

2. 웨스트민스터 소교리문답의 제4계명 해설

이러한 당시의 청교도 안식일과 관련된 이해를 바탕으로 해서 이제 소교리문답의 제4계명의 해설을 살펴보겠습니다.

소교리문답은 57번에서 다른 계명들에 대한 질문과 같이 '제4계명은 무엇인가?' 이런 질문으로 시작하고 그에 대한 답으로 출애굽기 20장 8절에서 10절을 제시합니다. 그리고 이어지는 질문과 대답들에서 그 계명과 관련한 중요한 주제들을 다룹니다. 58번은 제4계명에서 요구되는 것이 무엇인지를 설명하는데, 하나님이 그의 말씀에서 지정하신 것처럼 일정한 시간, 특별히 7일 중의 하루를 하나님께 거룩한 안식일이 되도록 거룩하게 지키는 것이라고 설명합니다.

여기서 강조되는 것은 제4계명에서 지키도록 명령된 날은 토요일이 아니라 7일 중의 하루라는 사실입니다. 59번은 '하나님은 7일 중의 어느 날을 안식일로 주간의 안식일로 지정하셨는지'에 대하여 설명합니다.

> 세상의 처음부터 그리스도의 부활까지는 하나님이 주간의 일곱 번째 날을 주간의 안식일이 되도록 지정하였고, 그 후로는 주간의 첫날을 세상의 끝 날까지 안식일로 지정하셨는데 그날은 그리스도인의 안식일이다.

여기에 표현된 **'그리스도인의 안식일'**(Christian Sabbath)이라는 말은 '예배와 오락의 날로서 일요일의 준수'를 강조하는 국교회파에 대항하여 '주의 날을 거룩하게 하는'것을 강조하는 청교도들에 의하여 일반적으로 사용된 표현입니다. 그들은 주의 날과 안식일을 같이 사용하는 것이 타당함을 인정했습니다.

그러면서도 안식일이 거룩한 안식을 상징하고 또한 주일이 거룩한 안식을 위한 날로 지켜져야 한다면 그날을 미신적으로 지킨다거나 신자들이 개인적으로 스스로 무엇을 할 것인지를 결정할 수 있다는 교만한 생각을 버린다면 어떠한 논란도 없이 안식일로 불릴 수 있다고 주장했습니다.

> 우리는 그 둘 다가 합당하다고 말하며 둘 다가 필요하다고 말한다. 여러 관점에서 볼 때, 제정(institution)의 관점에서는 주일이라는 이름이, 그것의 준수(observation)의 관점에서는 안식이라는 이름이 합당하다. 만일 우리가 그 날을 안식일이라고만 부른다면 우리는 그것의 제정을 잃는 것이고 동시에

그날을 주일이라고만 부른다면 우리는 그것의 준수를 잃는 것이다. 그러므로 우리는 이렇게 질문에 대답한다. 주일은 우리의(그리스도인의) 안식일이라고 불릴 수 있다. 그리고 모든 것이 올바르게 고려된다면 그것은 매우 적절하며 불필요하지 않다면 그렇게 부르도록 하자.
- 다니엘 코드레이(Daniel Cawdrey, 1588-1644)와 허버트 팔머(Herbert Palmer, 1601-1647)

이렇듯이 청교도들은 '주일'이라는 이름으로는 그리스도의 부활을 기념하게 하고 교회와 모든 피조세계에 대한 그의 주 되심(Lordship)을 나타내며, '안식일'이라는 이름으로는 거룩함을 위한 휴식과 거룩함을 위한 의무들을 강조하는 의미를 강조하면서 그 둘 다 합법적으로 사용될 수 있다고 했습니다.

소교리문답 60번은 어떻게 안식일을 성별되게 할 수 있는지에 대하여 설명합니다. '안식일은 그날 모두를 거룩하게 쉼으로써 성별 되는데 다른 날에는 합법적인 세상적인 일들과 오락들로부터도 쉬고, 필수적이고 긍휼의 일들을 제외하고는 전체 시간을 공적인 예배와 하나님을 섬기기 위한 개인적인 활동으로 보내는 것이다'라고 설명합니다.

주목할 부분은 소교리문답이 안식일을 성별하는 것과 관련해서 생활을 영위하기 위하여 필수적으로 하는 일들과 함께 긍휼의 일들도 강조한다는 사실입니다. 비록 '소교리문답'에서 그 필수적인 일들이 무엇인지는 자세하게 설명하고 있지 않지만, 그것은 사람과 동물의 생명의 보존을 위해서 행동하는 것, 전쟁이 발발했을 때 군인의 직무를 감당하는 것, 위험한 질병이 발생했을 때 병자를 돌보는 의료행위를 하는 것, 홍수와 화재 같은 재난과 강도를 당한 경우 그리고 가축을 보살피는 일등을 의미하는

데 이에 대해서는 웨스트민스터 신학자들 사이에 공감대가 형성되어 있었습니다.

또한, 긍휼에 관한 일들은 병자들과 부상을 당한 사람들을 위한 외과 의사의 치료 행위와 약사의 조제 행위들을 포함했습니다. 그러므로 소교리문답은 안식일의 성별을 세상의 일과 오락의 금지와 하나님께 드리는 영적인 봉사와 더불어 병자와 가난한 이들을 돌보는 등의 이웃들에 대한 봉사로 이루어지는 것으로 설명하고 있습니다.

소교리문답 61번은 제4계명에서 금지된 것에 대하여 묻고는 이렇게 설명합니다. "제4계명은 요구된 의무들을 행하지 않거나 부주의하게 하는 것, 게으름이나 그 자체로 죄가 되는 것을 행하거나, 또는 우리의 세상적인 일들과 오락들에 대하여 불필요한 생각과 말과 행동함으로써 그날을 더럽히는 것을 금한다." 이 설명을 보면 웨스트민스터 총회의 신학자들은 매우 엄격하게 제한된 방식으로 제4계명의 준수를 강조했음을 알 수 있는데 이러한 설명의 적절성에 대해서는 뒤에서 살펴볼 것입니다.

62번은 제4계명에 부가된 근거들에 관하여 묻고는 이렇게 설명합니다. "제4계명에 부가된 근거들은 하나님이 우리 자기 일들을 위하여 주간의 6일을 허용하신 것, 일곱째 날에 특별한 범절을 촉구하신 것, 그 자신의 모범, 그리고 안식일을 복 주신 것이다." 이러한 설명을 통하여 그들은 안식일이 도덕법적 규범에 속하며 또한 하나님의 복 주심의 약속을 강조하고 있습니다.

그렇다면 소교리문답이 그렇게 제4계명을 강조한 이유는 무엇 때문일까요?

그것은 바로 '그리스도인의 안식일'인 주일을 거룩하게 지키는 것이 바로 신자들이 하나님의 법을 순종하는 것이고, 그로써 다른 계명들을 순종할 힘을 새롭게 얻어서 더욱더 거룩함에 이르는 삶을 살아가게 되는 것으로 판단하였기 때문입니다.

3. 제4계명의 현대적 이해

제4계명이 도덕법임을 기억하면서 먼저 생각해야 할 것은 세 가지인데, 창조의 완성과 출애굽을 통한 구원 그리고 언약의 주되신 하나님을 위한 성별이 그것입니다. 그러므로 현대에 있어서 안식일을 지킴에 있어서 가장 중요하게 생각해야 할 것은 하나님의 창조 완성을 기억하는 것과 함께 타락 이후의 세계에서 하나님의 구원하심을 기억하는 날로 제4계명을 이해하는 것입니다. 바로 이 이유로 웨스트민스터 신학자들이 제4계명의 날이 토요일에서 일요일로 변경된 것에 대하여 신학적으로 논증한 것은 타당하다고 할 수 있습니다.

안식일 계명의 의미는 예수님의 구속의 완성으로 인해서 온전히 드러나기 때문입니다. 그러므로 현대의 신자들에게 안식일 계명은 폐지되는 것이 아닙니다. 장래의 영원하고도 참된 안식을 예견하게 하는 가운데 거룩한 쉼을 현재로 경험하도록 하는 것을 인식하는 것은 매우 중요합니다.

안식일 계명을 준수하기 위하여 가장 먼저 주목해야 할 것은 쉼입니다. 일차적으로 안식일은 육체적으로 쉬는 날입니다. 쉬어야 할 일은 생계를 위하여서 하는 노동(출 34:21; 느 13:15-18)과 집안에서의 힘든 노동(출 35:3)입니다. 또한, 안식일은 몸의 쉼을 통하여 영혼이 회복되는 날이기도 하므로 예배하는 것을 방해하거나 제한하는 일들은 하나님이 얼굴을 찌푸리게 하는 것임을 유념해야 할 것입니다.

이와 관련하여 육체적인 새로움(refresh)을 위한 활동이 계명을 범하는 것은 아님을 생각해야 합니다. 이와 관련하여 살펴보아야 할 성경은 이사야 58장 13절인데 거기서 언급된 오락(pleasure)이란 직업(business)을 의미할 수도 있습니다. 사실 이 본문이 강조하는 것은 안식일이 즐거움을 경험하는 날이라는 사실입니다. 그런데 그 시대의 사람들이 하나님의 뜻(하나님의 즐거움)을 저버리고 자기 자신의 뜻(자기의 즐거움)을 관철하려고 하면서 생겨난 충돌의 문제를 해결하여야 한다는 것입니다.

그렇게 볼 때 안식일의 활동이 노동의 괴로움에 반대되는 즐거움을 회복하는 행동이라면 안식일 계명에 저촉되는 행동으로 볼 수 없다는 것입니다. 더구나 느헤미야 8장 9-10절은 하나님의 거룩한 날이 배움과 예배와 함께 풍성한 잔치를 즐기는 날임을 강조하고 있습니다. 그러므로 이날을 기쁜 날로 이해하고, 신체적 건강과 회복을 위한 즐거운 행동을 하는 것은 안식일 계명과 어울리는 것으로 볼 수 있습니다.

안식일에도 부득이한 일, 즉 생활에 필수적인 일들은 인정된다는 사실도 의미가 깊습니다. 바로 공공의 안녕과 질서를 위한 일이 그것이라고 할 수 있습니다. 또한, 가족을 부양하는 일도 포함되어야 합니다. 하지만 일상적으로 주일을 범하는 것을 용인하는 것은 아니므로 신자 된 우리는 직업을 선택할 때 매우 신중해야 할 것입니다. 그리고 안식일에는 우리 자신의 개인적 쉼을 도모할 뿐 아니라 공동의 안식을 위하여 자비를 행하는 일이 권장되는 것을 잊지 말아야 할 것입니다(사 58:1-12).

무엇보다도 이 안식의 중심에는 예배가 있음을 잊지 말아야 합니다. 그것은 우리가 신체의 안식과 더불어 영혼의 안식을 경험할 때 비로소 온전한 안식을 경험하기 때문입니다. 거기에 더하여, 창조와 구원을 기억하는 가장 좋은 방법이 예배이기 때문입니다. 하나님께서 일주일 중의 하루를 쉬게 하신 것은 일상적인 일로부터 쉬면서 하나님의 창조와 구원하심을 예배에서 기억하도록 하심입니다. 그러므로 예배가 안식의 중심이 되고 초점이 되어야 합니다.

그러므로 제4계명은 예배함으로써 몸과 마음을 쉬고 회복하면서 자신을 창조하시고 구원하신 하나님을 기억함으로 자신을 성별하는 날, 안식일을 지키라고 명령하신 것을 마음 깊이 기억해야 할 것입니다. 또한, 긍휼의 일을 실천하는 날로서 그 계명이 주어진 것을 기억하는 것은 새 언약의 백성인 우리들에게도 언제나 유효한 복된 날임이 분명합니다.

함께 생각해보기

1. 우리가 온전한 쉼을 경험하고 누린 것은 어떤 때였는지 이야기 나누어보십시오.

2. 현대 생활에 있어서 제4계명을 온전히 지키는 것은 어떻게 하는 것인지 이야기 나누어보십시오.

제11장
언약인의 의무(2) : 제5계명

앞에서 설명했듯이 웨스트민스터 신학자들은 신자의 삶을 언약의 계명을 순종하는 가운데 더욱 거룩함에 이르는 과정으로 이해했습니다. 그러므로 그들은 소교리문답의 십계명을 해설함에서도 신학적인 설명으로 멈추지 않고 그들이 처한 시대적 상황을 반영하는 실제적인 면면들을 담았습니다.

실로 소교리문답에서 성화는 앞의 제4계명 해설에서 살펴본 것처럼 하나님과 관련한 영적인 영역에서뿐 아니라 현실의 삶에서 신자의 시민적 관계와 책임과도 밀접하게 관련이 있는 것으로 설명되었습니다. 이러한 이해는 십계명의 두 번째 판인 제5계명에서 제10계명까지의 해설에 매우 분명하게 반영되어 있습니다.

그 가운데서 우리는 신자의 성화와 관련하여 소교리문답의 제5계명 해설을 두 번째 대표적인 실례로 살펴보고자 합니다. 그 이유는 웨스트민스터 신학자들이 십계명의 제5계명을 그 이후의 계명들을 포괄하는 대표적인 계명으로 간주하여 이해하고 있었기 때문입니다. 실제로 소교리문답의 제6계명부터 제10계명의 해설은 모두 3개의 질문과 대답으로 되어있지만 제5계명 해설은 4개의 질문과 대답으로 되어있습니다.

대교리문답에서는 제5계명에 대한 강조가 더욱 두드러집니다. 대교리문답도 제6계명부터 제10계명에 대해서는 각각 3개의 질문과 대답으로 되어있지만 제5계명에 대해서는 무려 11개의 질문과 대답으로 구성되어 있습니다. 이것은 웨스트민스터 신학자들이 제5계명을 그 이후의 계명들보다 현실적으로 더 중요한 계명으로 생각했음을 보여주는 것입니다.

실제로 그 당시 청교도 신학자들은 제5계명을 십계명 두 돌판에 모두 관계하는 것으로 보았습니다. 당대의 저명한 청교도 목회자였던 리처드 박스터(Richard Baxter, 1615-1691)는 제5계명을 십계명의 '돌쩌귀'(hinge)라고 지칭했는데 이는 제5계명이 앞의 4계명과 뒤의 다섯 계명을 연결하는 계명이라는 의미입니다.

또한, 토마스 왓슨(Thomas Watson, 1620-1686)은 제5계명을 '야곱의 사다리'(Jacob's ladder)와 같다고 했습니다. 십계명의 첫 번째 돌판이 하나님께로 향하는 사다리의 꼭대기에 해당하는 것처럼 두 번째 돌판은 사람들을 향한 것으로서 제5계명은 그 사다리의 맨 아래와 같다는 것입니다. 이러한 말들은 소교리문답이 제5계명을 그 이후의 다섯 계명을 포괄하는 계명으로 이해하고 있음을 보여주는 것이라고 할 수 있습니다.

웨스트민스터 신학자들은 복잡하고 혼란스러운 현실에서의 신자의 삶을 자신의 지위와 위치에서 피차간에 순종함으로 자신들의 의무를 감당하는 질서 있는 선한 생활을 함으로써 언약 백성으로서의 거룩함을 이루어가는 것으로 보았습니다. 이러한 이해는 그들이 제5계명에서 명령하는 순종의 대상인 부모를 혈육의 부모로 한정하지 않고 교회와 국가의 권위자들(the authorities)로 확장하여 이해한 것에서 나타납니다.

이러한 특징이 소교리문답의 제5계명 설명에서 현저하게 드러나는데, 그들이 제시하고자 한 핵심은 언약 백성은 각자의 위치에서 주어진 의무와 책임을 감당함으로써 질서 있고 평화로운 삶을 살아가도록 힘써야 한다는 것이었습니다. 그들은 그러한 삶이야말로 언약 백성으로서의 성화를 이루는 삶의 중요한 한 축임을 강조했던 것입니다. 그들은 성화를 개인의 내면의 영적인 측면에만 관계된 것만이 아니라 현실 세계의 시민적인 삶에서 구체적으로 나타나야 하는 것이었다고 이해했습니다.

1. 17세기 영국의 사회적 상황

소교리문답의 제5계명 해설을 이해하기 위해서는 당시의 사회적 배경과 맥락을 이해하는 것이 도움이 됩니다. 웨스트민스터 총회가 소집된 1643년 당시 영국에는 내전이 격화되고 있었습니다. 헨리 8세(Henry VIII, 1509-1547 재위)가 단행한 종교개혁 이후에 영국에서는 국가의 종교를 확립하는 과정에서 로마 가톨릭적인 요소를 강화하려는 국교회 세력과 개혁 신앙을 확고히 하려는 청교도세력 사이의 갈등이 정치적인 상황과 맞물려 대결이 계속되고 있었고 결국은 내전으로 치닫게 되었습니다. 물론 여기에는 정치적으로 민감한 사항인 세금 징수와 관련된 측면이 컸습니다.

찰스 1세(Charles I, 1625-1649 재위)의 불법한 징세 시도 같은 전횡과 그에 맞서는 의회 사이의 점증하던 정치적 갈등은 급기야 전쟁의 양상으로 확대되었습니다. 내전이 발발하자 영국 사회의 지도자들은 정치적으로 양분되었고 의회도 찰스 왕을 따르는 세력과 반대하는 세력으로 양분되었습니다. 상원에서는 80명이 찰스 왕을 따랐고 30명이 의회파로 남았으며 20명 정도는 중립을 지켰습니다. 하원에서는 236명이 왕을 따랐고 302명이 왕에게 반대하여 런던에 남았습니다. 그 무렵 영국 전체가 사실상 전쟁 상황에 연루되어 있었습니다. 내전이 가장 고조되었던 1643-1644년경에는 영국 성인 8명 중의 1명꼴인 15만 명이 무장한 병사로 복무하고 있었다는 기록이 이점을 증명합니다. 이러한 상황은 그 당시의 내전 상황이 얼마나 심각하게 영국 사회를 불안과 무질서로 몰고 갔는지를 보여줍니다.

당시의 영국 사회가 근본적으로 신분제 계급사회였음을 이해하는 것 또한 웨스트민스터 신학자들의 제5계명 해설을 이해하는 중요한 단서가 되는데 특별히 젠트리(gentry)계급에 대한 이해는 매우 중요합니다. 그들은 근 100여 년에 걸쳐 영국 사회의 중요한 변수로 부상한 신흥계급의 사람들이었습니다.

젠트리 계급은 16세기에 이르러 중세의 봉건제가 와해하고 사적 소유제도가 정착되면서 급성장했고 17세기에 이르러서는 주목할 만한 세력으로 부상하여 정치적으로도 중요한 역할을 했습니다. 전통적으로 젠트리들은 왕들의 통치에 우호적이었습니다. 하지만 찰스 1세와 의회 사이의 갈등이 최고조로 표출된 1642년 무렵부터는 청교도 신앙에 동의한 젠트리 계급 대부분은 의회파에 가담하여 내전에 참여했습니다.

이러한 17세기 영국의 신분 사회적 특성과 형편에 비추어볼 때 웨스트민스터 신학자들이 제5계명의 해설에서 권위에 대한 순종과 함께 상호 순종을 강조한 것은 당대의 의회파의 필요에 부응하는 측면이 있는 것도 어느 정도 사실일지라도 시대를 앞서는 매우 신선한 윤리적 인식을 보여준 것이라 할 수 있습니다.

2. 스코틀랜드 언약신학의 영향

소교리문답의 제5계명 해설을 이해하기 위해서는 스코틀랜드 교회의 대표로 웨스트민스터 총회에 참석한 이들의 영향을 살펴보는 것도 필요합니다. 잉글랜드 의회와 스코틀랜드 의회는 1643년 '엄숙동맹과 언약'(Solemn League and Covenant)을 맺었는데 이는 언약의 이해를 시민적 영역에서 국가 간의 약정에도 적용하는 사례가 되었습니다.

스코틀랜드 교회는 이에 따라 웨스트민스터 총회에 8명의 대표단을 파견했습니다. 이들은 총회에 자문의 자격으로 참석하였지만, 총회의 신학적 토론에 적극적으로 참여하여 발언하면서 총회의 중요한 문서들을 완성하는데 이바지했습니다. 특별히 언약개념의 정치적, 시민적 적용에 있어서 이들의 영향이 컸는데 이는 스코틀랜드에서 이미 확립되고 실천되고 있던 개념이었습니다.

그들에게서 언약은 하나님과 그 백성 사이의 수직적 관계에서만 맺어진 것이 아니었고 왕과 백성, 통치자와 시민 그리고 시민들 상호 간의 수평적 관계에서도 맺어지는 것이었습니다. 이러한 언약에 대한 스코틀랜드적인 이해가 웨스트민스터 소교리문답과 대교리문답의 제5계명 해설에 반영된 것은 분명해 보입니다.

특별히 국가, 혹은 시민사회에 적용된 이러한 언약의 개념은 스코틀랜드 대표단의 일원으로 웨스트민스터 총회에 참석한 사무엘 러더퍼드(Samuel Rutherford, 1600-1661)의 책 『법과 왕』(Lex, Rex)에서 잘 드러납니다. 그는 이 책에서 왕권이 하나님으로부터 비롯된 것일지라도 그것은 백성에게도 인정을 받아야 하므로 왕은 하나님과 맺은 언약을 지키고 또한 백성과 맺은 언약을 이행해야 한다고 주장했습니다. 또한, 그는 왕은 하나님과 백성 사이에서 모두 언약의 관계 안에 있으므로 왕에게는 하나님의 말씀에 따라 백성을 다스려야 하는 책임이 있고 그러한 조건에서만 왕의 보좌와 권위가 인정된다고 했습니다. 비록 명확한 문서로 이루어진 언약이 없더라도 하나님의 말씀과 자연법에 따라 왕은 자연히 백성의 아버지요 부양자이며 또한 치료자와 보호자가 되는 것이고 그것이 왕의 의무라고도 했습니다.

그러므로 언약을 배반하고 참된 신앙을 억압하는 잉글랜드의 왕의 폭압으로부터 잉글랜드의 신앙인들을 돕기 위하여 스코틀랜드가 나서는 것은 성경적으로나 이성적으로나 이치에 합당하다는 것이었습니다. 그렇게 함으로써 그는 찰스 1세의 절대왕권에 대항하는 것의 정당성을 언약의 맥락으로 논증했습니다. 이러한 그의 주장은 언약의 개념을 현실 국가 안에서 시민 생활의 영역 속에서의 적용을 시도한 실제적인 실례로 볼 수 있습니다.

이렇듯 스코틀랜드 교회는 언약을 구체적인 현실 사회의 삶과 관련지어서 설명하는 전통을 발전시켰고 그러한 이해는 웨스트민스터 신학자들에게도 타당한 적용으로 받아들여졌으며 웨스트민스터 소교리문답의 제5계명 해설의 중요한 토대가 되었습니다. 그것은 웨스트민스터 신학자들이 소교리문답의 제5계명 해설에서 순종의 의무가 아랫사람들에게만 있는 것이 아니라 윗사람들에게도 해당하는, 상호복종의 의무가 있는 것으로 설명한 것에서 분명하게 드러납니다.

이렇게 언약 사상을 국가의 영역으로 적용한 것은 얼마 뒤에 일어난 1688년의 영국의 명예혁명(Glorious Revolution) 등에 큰 영향을 주었다고 할 수 있습니다.

3. 웨스트민스터 소교리문답의 제5계명 해설

웨스트민스터 소교리문답의 십계명에 대한 설명에서 제5계명은 63번에서 66번까지 4개의 질문과 대답으로 되어있습니다. 63번에서는 제5계명이 무엇인가를 묻고 "제5계명은 너의 아버지와 어머니를 공경하라. 그리하면 너의 하나님 나 여호와가 네게 준 땅에서 네 생명이 길리라"고 대답합니다. 64번과 65번에서는 제5계명에서 요구되는 것과 금지되는 것에 관하여 묻고 대답합니다.

즉, 제5계명에서 요구되는 것은 '윗사람과 아랫사람, 또는 동등한 사람들과 같은, 자기들 각각의 지위와 관계에 있는 각 사람에 속하는 명예를 보존하고 의무들을 행할 것이고', 금지되는 것은 '각 사람이 자신들 각각의 지위와 관계에 속한 명예와 의무들을 무시하거나 그것들에 반대되는 어떤 행위들을 하는 것'이라고 말합니다. 마지막 66번에서는 제5계명에 '덧붙여진 이유'(the reason annexed)가 무엇인가를 묻고는, '이 계명을 지키는 모든 사람에게 하나님의 영광과 자신들의 선함을 위하여 봉사하게 하는 장수와 번영을 약속한 것이다'라고 대답합니다.

하지만 소교리문답의 간략한 설명의 의미들을 온전히 이해하려면 대교리문답의 제5계명에 대한 설명을 보아야 하는데 소교리문답의 내용은 대교리문답의 내용을 축약한 것이기 때문입니다. 소교리문답의 제5계명에 대한 4개의 질문과 대답은 11개의 질문과 대답으로 되어있는 대교리문답 123-133번의 요약이라고 볼 수 있습니다.

먼저 대교리문답 124번은 제5계명의 '아버지와 어머니는 누구를 뜻하느냐?'

이를 묻고는 그것은 '자연적인 부모뿐 아니라 나이와 은사에 있어서,

그리고 하나님의 규례에 의하여 가정과 교회, 국가를 막론하고 권위의 자리에서 우리 위에 있는 사람들을 의미한다' 고 설명합니다. 그리고 이어지는 125번에서는 왜 윗사람들이 아버지와 어머니로 칭해지는지를 묻고는 다음과 같이 대답합니다.

> 윗사람들이 아버지와 어머니로 칭해지는 것은, 자연적 부모들과 같이, 그들이 아랫사람들에게 모든 의무들을 가르치며 그들의 여러 관계에 따라 그들에게 사랑과 유연함을 나타내기 때문이다. 그리고 마치 부모에게 하듯이, 그들이 윗사람에게 대한 의무를 행함에 있어서 보다 큰 자발성과 기쁨으로 하도록 하기 위함이다.

웨스트민스터 신학자들이 제5계명의 공경과 순종의 의무를 단지 부모에 한정하지 않은 것은 이 계명을 권위에 대한 보편적인 명령으로 이해하였기 때문인데 그러한 해석은 종교개혁 시대 이후 정당한 해석으로 받아들여져 왔습니다.

그러나 대교리문답은 순종의 의무를 아랫사람들만의 것으로 한정하지 않았습니다. 왜냐하면, 126번에서 제5계명의 일반적 범위에 대하여 설명하면서 그 의무들은 여러 계층의 사람들 사이의 관계에 대해서 '우리가 상호 지고 있는 의무'(we mutually owe in)라고 말하기 때문입니다. 그 시대가 17세기 중엽의 신분제 사회였음을 고려할 때, 그리고 당시의 의회파의 정치적 입장을 반영하는 측면을 감안할지라도 웨스트민스터 신학자들이 전체 회의에서 그러한 내용을 승인한 것은 그들의 도덕적 감각이 그 시대를 앞서가는 것이었음을 분명하게 보여주고 있습니다.

대교리문답의 이어지는 부분들은 각각의 지위의 사람들이 감당해야 할 의무들과 죄들에 대하여 자세히 설명합니다. 127번에서는 아랫사람들이 윗사람들에게 보여야 할 경의에 대하여 말하면서 '마음과 말 행위에 있어서 윗사람들을 존경하고 감사하고, 그들의 합법적인 명령과 권고를 즐겁게 순종하고 그들의 교정에 복종할 것과 그들의 연약함에 대해서도 사랑으로 덮어줄 것'을 가르칩니다.

여기에도 주목할 부분이 있는데, 아랫사람의 순종이 무조건적인 것이 아니고 '합법적인 명령과 지도에 순종하는' 것으로 명시한 점이 그것입니다. 이러한 표현은 순종의 기준으로서 '하나님의 율법'(the law of God)에 따른 것이어야 함을 의미하며, 의무의 한계를 그렇게 정하는 것은 단순히 도덕적인 삶을 강조하는 것을 넘어서 하나님의 언약 백성으로서의 성화와 관련짓고 있는 것으로 보았음이 분명합니다.

대교리문답 128번은 아랫사람들이 윗사람들에 대하여 짓는 죄들에 대하여 다음과 같이 설명합니다.

> 아랫사람들이 그들의 윗사람들에 대항하여 짓는 죄들은 그들에게 요구된 의무들을 태만히 하는 것과, 그들의 인물과 지위들에 대항하여 시기하거나 경멸하거나 반역하는 것과 그들의 합법적인 지도와 명령과 교정에 대하여 저주하고 모욕하는 것, 그리고 그들의 다스림에 수치와 불명예로 입증되는 모든 완고하고 추한 행동 등이다.

이것은 권위를 가진 사람들의 합법적인 행사를 거역하지 말 것을 강조하고 있습니다. 그러나 대교리문답은 윗사람의 권위에 대한 순종만을 일방적으로 강조하지 않고 바로 이어지는 129번에서 아랫사람들에 대하여 윗사람들에게 요구되는 것에 대하여 분명하게 말합니다.

그런데 그 내용이 128번에서의 아랫사람의 윗사람에 대한 의무에 대한 설명보다 거의 배나 될 정도로 길고 자세합니다. 즉, 영어원문에서 128번은 54개의 단어(word)와 11개의 증명 성구(scripture proofs)로 되어 있는데 반해 129번은 90개의 단어(word)와 24개의 증명 성구로 되어있습니다.

> 그들이 하나님으로부터 받은 능력과 그들이 서 있는 관계에 따라 윗사람들에게 요구되는 것은 아랫사람들을 사랑하고 기도하고 축복하는 것이고 그들을 지도하며 권면하고 훈계하며 격려하고 칭찬하며 잘한 일들에는 상을 베풀며 잘못한 일들에 대해서는 인정하지 않고 책망하고 벌을 주며 그들을 보호하며 영혼과 신체에 필요한 모든 것을 공급하며 정중하고 지혜롭고 거룩하고 모범적인 행동으로 하나님의 영광을 도모하며 자신들에게는 영예로우며 하나님께서 그들에게 두신 권위를 보존하도록 하는 것이다(대교리문답 129번).

더 나아가 130번은 윗사람들의 죄에 대하여도 자세하게 나열하는데 그 내용이 129번의 설명보다도 깁니다. 즉, 원문의 단어(word) 수는 92개이고 증명 성구(scripture proofs)는 27개입니다.

> 윗사람의 죄들은 그들에게 요구된 의무들을 무시하는 것 외에 그들 자신의 영광, 편안함, 이익, 쾌락을 지나치게 추구하는 것이다. 또한, 불법적이거나 아랫사람이 하기에 힘에 닿지 않는 일을 하라고 명령하는 것과 악한 일에 그들을 권하고 격려하며 호의를 보이는 것과 옳은 일에 반대하여 단념시키고 낙담시키며 반대하는 것이며 지나치게 징계하며 잘못이나 유혹이나 위험에 부주의하게 노출시키거나 내버려두거나 분노를 야기하거나 어떤 일로든 그들 자신을 불명예스럽게 하며 불공정하고 무분별하고 가혹하며 성의 없는 행동으로 말미암아 자신들의 권위를 약화시키는 것이다(대교리문답130번).

이렇게 자세하고 구체적으로 윗사람들의 죄를 나열하는 진술들이 평등 사회를 이루고 있는 현대의 관점에서는 신분제도를 인정하고 고착화하는 것으로 보일 수 있지만 17세기 영국의 상황에서 의회파가 직면했던 정치적 상황을 반영한 것임을 고려할 때 어느 정도 이해할 수 있는 부분이라고 할 수 있습니다. 하지만 윗사람이 아랫사람에 대하여 행하는 부도덕한 행위는 사회 어느 곳에나 있어왔습니다.

그렇기에 아랫사람에게 도덕적으로 합당한 것만을 지시하고 명령하고 그들을 존중하라고 한 5계명의 해설은 성화에 대한 웨스트민스터 신학자들의 현실에 대한 깊은 고민과 해결 의지를 보여줍니다. 하나님 앞에서 신분 고하를 막론한 모든 신자의 신앙적인 도덕의 실천을 강조한 것은 그들의 성화에 대한 깊은 이해와 그에 따른 실천을 제시한 것으로 볼 수 있기 때문입니다. 따라서 이러한 설명은 신자들이 시민사회의 다양한 상황에서도 신분과 지위를 구분하지 않고 자신들이 하나님 앞에서의 언약 백성임을 기억하며 성화의 삶을 살아가야 함을 강조한 것으로 보아야 합니다. 이는 개혁신학의 적용과 실천에 있어서 진일보한 것으로 보아야 합니다.

대교리문답 131번과 132번은 동등한 사람들 사이의 의무와 죄에 대하여 설명합니다. 동등한 사람들의 의무는 '서로의 존엄함과 가치를 존중하고 다른 사람들 앞에서 영예를 돌리며 그들 각자가 가진 은사와 승진에 대해 자신의 경우인 것처럼 기뻐하는 것이다'라고 설명합니다. 또한, 그들의 죄는 '그들에게 요구된 의무들에 대한 태만 외에 상대의 가치를 낮게 평가하고 은사들을 시기하며 다른 사람의 승진과 번영에 근심하고 다른 사람 위에 뛰어나려고 횡포를 부리는 것'이라고 경고합니다.

이처럼 대교리문답의 자세한 해설을 통해 볼 때 소교리문답의 제5계명 해설은 그리스도 안에 있는 신자들이 지켜야 할 행동을 매우 강조합니다.

모두에게는 자신들의 사회적 지위와 신분에 따라 적극적으로 행하여야 하거나, 금해야 하는 사회적 책임과 의무가 있다는 것입니다. 이러한 이해는 율법폐기론을 명백하게 반대하여, 십계명으로 요약되는 도덕법이 은혜언약 아래에서 하나님의 백성을 위한 생활의 법칙으로 주어졌다는 진술에 부합하는 설명이라고 할 수 있습니다.

소교리문답은 '네 부모를 공경하라'는 제5계명을 다만 혈육의 부모만이 아니라 가정과 국가, 그리고 교회의 권위자들에 대한 순종의 의무로 해설했습니다. 그러나 한편 신분제 계급사회였던 17세기 영국의 상황에서 단지 윗사람에 대한 아랫사람의 의무만을 강조하지 않고 아랫사람에 대한 윗사람의 의무를 더욱 강조한 것은 그 시대적인 상황과 문화를 넘어서는, 성경적인 도덕의 이해에 한 걸음 진일보한 것으로 평가할 수 있습니다.

그것은 점차 영국 사회 안에 평등에 대한 의식이 점증하는 하나의 신호로 작동되기도 했습니다. 또한, 웨스트민스터 신학자들이 제5계명을 해설하면서 '상호 순종의 의무'를 강조한 것은 그것이 단순히 시민사회에서의 질서 있는 삶의 차원을 넘어서서 하나님의 언약 백성으로서의 성화의 삶을 궁극적인 목표로 삼은 것을 보여줍니다.

그들은 신자의 현세에서의 삶이 비록 계층의 구별이 엄격한 신분 사회에서의 삶이고, 내전에 휩싸여 있는 매우 불안정한 생활이 이어지고 있을지라도 언제나 하나님의 율법에 부응하는 정직하고 성실한 생활을 통해 신자들이 점점 더 하나님 앞에서 거룩함을 이루어가고 있음을 강조함으로써 신자의 성화에 관한 구체적인 적용 사례로 평가할 수 있을 것입니다.

4. 제5계명의 현대적 이해

이렇듯, 제5계명에 대한 웨스트민스터 신학자들의 이해는 17세기 중반의 영국이라는 시대적, 사회적 상황을 반영하고 있습니다. 영속적인 율법의 실천적인 순종이 성화의 삶에 있어서 매우 중요함을 언약신앙의 토대 위에서 숙고하고 있는 우리 또한 이 시대의 상황과 맥락에 비추어 제5계명의 적용에 대하여 고민하며 실천하는 것은 매우 필요하고 유익한 일이라고 할 수 있습니다.

먼저 근본적으로 생각해 볼 것은 **권위**에 대한 것입니다. 현대는 권위에 대하여 부정적인 듯합니다. 이러한 경향은 역사적으로 권위주의의 폐해를 심각하게 겪은데 따른 것이라고 할 수 있지만, 권위 자체를 인정하지 않으려는 경향은 다원주의를 표방하는 현대의 철학과 문화의 영향임이 분명합니다. 그 결과 영원히 참된 진리는 없으며 궁극적인 권위도 인정되지 않고 있습니다.

그러므로 모든 것은 주관적이고 상대적임을 인정하는 것이 시대정신이 되었고 교양인의 기준이 되었습니다. 그러나 진리가 없다면, 그리고 권위가 인정되지 않는다면 서로 상충하고 갈등하는 양상들은 진정되지 않을 것이고 다만 정치적으로 해결하려고 시도할 것입니다. 그러나 그것은 결국 다수를 차지하고자 하는 정치투쟁을 격화시킬 뿐이고 사회를 더욱 분화시키고 갈등 국면으로 치닫게 할 것입니다. 정치에 의한 합의 또한 권위는 임시적인 방편일 뿐입니다.

그러나 성경은 본질에서 권위가 인정되어야 한다고 말씀합니다. 물론 궁극적인 권위자는 하나님이고 하나님께서는 제한적이고 부분적인 권위를 세상에 부여하십니다(창 1:1; 사 42:8; 계 20:12; 롬 13:1). 그렇기에 성경은 오직 하나님의 권위만이 모든 권위 위에 있음을 분명히 밝힙니다. 그리고 하나님의 권위는 성경을 통하여 드러납니다. 그렇기 때문에 성경에 모든 일에 대한 최종 판단의 권위가 돌려집니다(딤후 3:16; 벧후 1:21; 계 22:19-20). 물론 성경의 권위를 이해할 때 개혁신학은 성경이 성경을 해석하게 해야 한다고 믿습니다.

즉, 어떤 사건이나 주장에 대한 이해와 해석과 적용을 시도할 때 성경 전체의 가르침에 부합한 것이어야 한다는 뜻입니다. 그런 의미에서 권위의 실종 시대를 살아가는 우리에게 성경의 가르침을 깊이 이해하는 것은 매우 절실하다 하겠습니다.

권위에 관련하여 일어나는 **순종**의 문제도 있습니다. 권위에 대한 순종은 절대적인가, 그리고 그러한 순종은 인간의 존엄성과 자주성을 훼손하는가 하는 문제와 연결되기도 하기 때문입니다. 권위에 대한 순종은 언제나 하나님의 권위를 부정하지 않는 선에서 이루어져야 합니다(행 4:19). 그리고 순종은 정의와 공의에 합당하게 이루어져야 합니다(암 5:24).

만일 그렇지 않다면 시민 불복종이 요구되기도 하고 실제로 그것은 가능합니다. 그러나 그에 대한 방식은 비폭력적이어야 합니다(마 26:52-53). 그렇게 하는 것이 가장 성경의 가르침에 부합하기 때문입니다. 그러나 역사적으로 무력을 동반한 저항과 항쟁이 있었음도 부인할 수 없는 사실입니다. 이에 대한 평가를 위해서는 보다 깊은 성경적 통찰과 성찰이 있어야 할 것입니다. 즉, 그에 대한 동기와 목적이 고려되어야 하고 사회적 대의(大義)로서의 인정 여부와 과정의 정당성 등이 숙고되어야 한다는 뜻입니다.

권위에 대한 순종이 굴종적인 것은 아닙니다. 성자 예수님은 성부 하나님에 대하여 기꺼이 순종하신다고 말씀하셨습니다(요 17:4). 그리고 성경에서 순종은 무엇보다 성령으로 충만한 사람의 특징으로 제시되고 있습니다(엡 5:21). 순종을 통하여 사람들의 관계는 더 온전해지며 친밀해집니다. 무엇보다도 성경은 상호 존중과 존경을 강조하고 있음을 잊지 말아야 합니다(마 7:12; 롬 12:10, 16).

제5계명에서 명령된 순종은 그리스도 안에 있는 새 언약의 사람들이 자기 삶의 실제적인 현장에서 깊이 숙고하고 실천하여 순종할 것을 말합니다. 비록 복잡하고 미묘한 상황들 속에서 살아가는 것이 현실일지라도 하나님의 권위 아래서 평화를 이루는 삶을 살아가도록 힘쓰는 것이 언약신앙인의 의무임이 분명하다는 것입니다(히 12:14).

함께 생각해보기

1. 제5계명의 부모 공경과 전통적인 효(孝)를 비교하여 이야기 나누어보십시오.

2. 제5계명을 권위에 대한 순종으로 설명하는 것이 타당한지, 그렇다면 우리 시대에 가장 긴급하게 적용되어야 할 분야는 어디인지 이야기 나누어보십시오.

제12장

실패할 때 : 은혜의 방편

　예수 그리스도를 믿음으로 은혜 언약 안으로 들어간 신자들은 내주하시는 성령의 은혜를 힘입어 하나님의 법인 십계명을 순종하는 삶을 살아가게 됩니다. 그럼으로써 점점 더 그리스도의 형상을 닮아가는 성화를 이루어갑니다. 그런 의미에서 십계명은 그리스도인에게 있어서 믿음을 확증하고 실천하는 중요한 시금석이 됩니다.

　하지만 신자는 실제의 삶에서 십계명을 순종하는 데에 있어서 자주 넘어지고 실패하여 좌절을 경험합니다. 그것은 신자의 연약함과 신자 안에 잔존하는 죄의 영향력에 기인합니다. 그런 실패를 경험할 때마다 신자는 자신이 받은 구원의 은혜를 의심하고 회의하며 냉담하게 되기도 합니다. 그리고 죄에는 하나님의 진노와 형벌이 있으므로 신자는 두려움에 사로잡히기도 합니다. 완전한 계명과 신자의 불완전함 사이의 간격은 심히 큽니다. 신자들은 이에 대한 괴로움을 실제의 삶에서 반복적이고 지속해서 경험합니다.

　그렇다면 이 문제를 어떻게 해결할 것입니까?

　웨스트민스터 신학자들도 이러한 현실적인 문제를 분명하게 인식하고 있었고 소교리문답에서 이에 대한 해결을 제시합니다. 소교리문답은 십계명 해설을 한 후 82번에서 이렇게 묻고 대답합니다.

문: 어떤 사람이라도 하나님의 계명을 완전히 지킬 수 있는가?
답: 타락한 이후 인간으로서는 이 세상에서 하나님의 계명을 완전히 지킬 수 없으며 말과 생각과 행위로 날마다 그 계명을 범한다.

이어지는 83번에서는 하나님의 율법을 범한 모든 죄가 그 정도에서 모두 악한지를 묻고는 '어떤 죄는 본질에서나 여러 가지 관계된 문제들을 볼 때 하나님 앞에서 더 악하다'고 대답합니다. 그리고 84번에서는 '율법을 범한 모든 죄(every sin)는 하나님으로부터 현재의 삶에서와 장래의 삶에서 하나님의 진노와 저주를 받게 된다' 라고 말함으로 계명을 범하는 죄는 절대 가볍지 않고 또한 간과되지도 않음을 분명히 합니다. 그러나 소교리문답은 이어지는 85번에서 계명의 순종에 실패한 신자들을 위하여 하나님께서 마련한 '은혜의 방편'(means of grace)이 있음을 설명합니다.

문: 우리의 죄로 인하여 받게 될 하나님의 진노와 저주를 피하도록 하나님께서 우리에게 요구하시는 것은 무엇인가?
답: 우리의 죄로 인하여 받게 될 하나님의 진노와 저주를 피하도록 하나님이 우리에게 요구하시는 것은 예수 그리스도를 믿을 것과 생명에 이르는 회개와 그리스도가 우리에게 구속의 유익을 전달하시는(communicates) 모든 '외적인 방법'(the outward means)을 힘써 사용하는 것이다.

하나님은 율법을 범함으로 죄에 빠진 신자들을 회복시키시기 위하여 그들에게 믿음과 회개를 요구하십니다. 즉, 죄를 범하였을 때는 믿음으로 회개하며 하나님의 은혜를 구하여야 한다는 것입니다(86, 87번). 그렇게 믿음과 회개가 마음속에 일어나고 강화되도록 하나님은 신자들에게 '외적인'

은혜의 방편들을 주셨습니다.

그런데 소교리문답은 믿음과 회개를 일으키는 수단이 신자 개인의 주관적인 방식으로 되는 것이 아님을 분명히 합니다. 이것은 은혜가 비상하고 신비한 특별한 경험을 통해서 주어지는 것이 아님을 의미합니다. 하나님의 계명을 순종하는 데에 실패할 때마다 신자들이 믿음과 회개를 통해서 회복되고 강건하게 되는 은혜를 입는 것은 '외적이고 보통의 방편'(the outward and ordinary means)이라는 것을 분명히 말합니다. 즉, 은혜의 방편, 수단들은 **객관적이고 일상적이라는** 뜻입니다. 그러한 은혜의 방편은 바로 말씀과 성례와 기도입니다(88번).

소교리문답은 그것들이 바로 '택한 자들에게 구원의 효력이 있도록 만들어진 것'(are made effectual to the elect of salvation)이라고 설명합니다. 이 세 가지 은혜의 방편들을 통하여 신자들은 심령에 믿음이 회복되어 새롭게 순종하는 힘을 얻게 됩니다. 그리하여 신자들은 구원의 확신이 더욱 강화되고 하나님의 법인 율법을 더욱 순종하는 삶을 살아감으로써 더욱 성화됩니다.

이러한 이해는 신앙고백이 '성화'에 대한 설명인 13장에 이어 바로 14장에서 '구원하는 신앙'(Of Saving Faith)을 설명하면서 이 세 가지를 제시하는 것으로도 확인됩니다. '믿음의 은혜는 말씀의 사역 때문에 일반적으로 이루어지며 또한 성례의 시행과 기도에 따라 이루어져서 믿음이 증가하고 강화된다.'

1. 말씀

　소교리문답은 이 세 가지의 외적인 방편들에 대하여 자세하게 설명하는데, 먼저 말씀에 대하여는 89번에서 이렇게 설명합니다.

> 문: 하나님의 말씀이 어떻게 효력이 되어 구원에 이르게 하는가?
> 답: 하나님의 성령께서 하나님의 말씀을 읽는 것과 특히 설교를 효력 있는 방편으로 삼아 죄인을 자각시켜 회개하게 하시며 또 믿음으로 말미암아 거룩함과 위로 가운데 세우심으로 구원에 이르게 하신다.

　웨스트민스터 신학자들은 성경을 읽는 것과 함께 성경을 강해하여 전파하는 설교의 중요성을 매우 강조하였습니다. 그들은 설교를 '예언 사역'(prophesying)이라고 이해하면서 설교에서 전해지는 말도 성령께서 역사하시는 하나님의 능력이라고 생각했습니다. 그러므로 하나님의 말씀을 바르게 듣는 것에 대하여 90번에서 별도로 설명합니다.

> 문: 하나님의 말씀을 어떻게 읽고 들어야 구원에 이르는 효력이 되는가?
> 답: 하나님의 말씀이 구원에 이르는 효력이 되게 하도록 우리는 부지런함과 마음의 준비와 기도로써 임해야 하며 믿음과 사랑으로써 말씀을 받아들여 우리 마음에 간직하며 우리의 생활로 실천하여야 한다.

　신자들이 하나님의 계명을 순종할 새로운 능력을 입으려면 하나님의 말씀을 마음에 간직하고 새기는 것이 무엇보다 중요한데, 하나님의 말씀이 신자 안에 내면화되고 생리가 되도록 순전한 마음으로 받아들이고 묵상할 뿐 아니라 삶에서 실천하여야 한다는 것입니다.

이와 관련하여 17세기의 청교도들은 안식일 준수에 대하여 설명할 때 그 중심에는 예배와 말씀이 있음을 강조했습니다. 니콜라스 바운드(Nicholas Bownd)는 '안식일이 제정된 하나의 중요한 목적은 그날에 하나님께 드리는 순전한 예배를 통하여 신자들이 거룩하게 되는 것'이라고 했습니다. 그러면서 그는 신자들이 안식일을 거룩하게(성별) 하는 방편으로써 가장 중요한 것이 바로 공적인 예배(public worship)라고 했는데, 예배에는 반드시 하나님의 말씀 설교가 있어야 하고 신자들은 말씀의 읽기와 성례에 반드시 참여해야 한다고 주장했습니다.

그는 또한 개인적으로 드리는 사적인 예배(private worship)도 강조했는데 성경 읽기와 하나님의 말씀 묵상을 지속해서 실천해야 한다고 말했습니다. 더욱이 그는 신자들이 공적인 예배에서 설교된 하나님의 말씀을 중심으로 목사와 교우들, 또는 가족들끼리 그리고 교우들이 서로 대화를 나누는 모임(conference)을 하는 것이 매우 필요하고 유익하다고도 했습니다. 그럼으로써 들은 말씀에 대한 지식과 기억이 증진된다는 것입니다.

17세기 중엽의 기독교 사회에 보편적으로 알려졌던 『경건의 연습』(*The Practice of Piety*)의 저자인 루이스 베일리(Lewis Bayly) 또한 안식일을 거룩하게 지키는 방법으로 교회의 공적인 예배에 참석하는 것임을 강조하면서, 공적인 예배를 위하여 사적으로 아침과 저녁에 기도의 시간을 가져야 한다고 자세하게 설명했습니다.

더욱이 그는 공적 예배에서 하나님의 말씀이 설교될 때 '주의를 집중하여 설교자를 바라보며 설교를 들어야 한다'고 했고, 예배가 끝난 후에 집으로 돌아가서는 가족들이 함께 모여 들은 설교의 내용을 검사하고, 교리문답을 가르치고 시험하여야 하며, 저녁에 산책하면서 하나님의 하신 일을 묵상하면서 기도함으로 주일을 마치라고 권고하기도 했습니다.

웨스트민스터 총회의 일원으로 활동하였던 윌리엄 구지(William Gouge, 1575-1653) 또한 안식일과 관련한 설명에서 교회에서 모이는 공적 예배에 참석하여 설교되는 말씀을 듣는 것을 매우 강조하였으며 또한 가족들이 사적으로 모이는 예배에서도 하나님의 말씀을 읽고 기도하고 공적 예배에서 들은 설교를 회상하여 거룩한 담화를 나누며 교리교육을 시행하고 시편을 찬송하여야 한다고 했습니다. 그렇게 할 때 하나님이 그들 가운데 계시며 축복하신다고 그는 말했습니다.

이렇듯 17세기의 청교도들은 주일에 예배하면서 하나님의 말씀을 듣는 것이 신자의 영적이며 내적인 강건함을 위한 본질적인 부분임을 강조했습니다. 특별히 하나님 말씀의 설교를 매우 중요시했는데 그들의 설교는 본문을 설명하고 그로부터 중요한 교리를 도출하여 그것을 실제적인 삶에 실천하는 다양하고도 구체적인 사용(use)을 제시하는 것이 전형적인 방식이었습니다. 그들에게 성경은 교리를 통하여 체계화되며 삶에서 적용하여 순종하여야 하는 것이었습니다. 그들은 하나님의 말씀이 믿음의 삶에 있어서 결정적임을 절대 놓치지 않았습니다.

2. 성례

하나님의 백성들을 회복시키고 새롭게 하는 두 번째 은혜의 방편은 성례입니다. 소교리문답은 성례에 대하여 6개의 문항을 할애하여 설명합니다. 91번에서는 이렇게 묻고 대답합니다.

문: 어떻게 하여 성례가 효력 있는 은혜의 방편이 되는가?
답: 성례가 구원의 효력 있는 방편이 되는 것은 그것들 자체나 성례를 집례하는 사람의 덕으로부터가 아니고 다만 그리스도의 축복하심과 또한 믿음으로 말미암아 그것들 안에 역사하시는 성령의 역사하심으로 되는 것이다.

이어지는 92번에서 성례는 '그리스도께서 제정하신 거룩한 예식으로 그 안의 감각적인 표시(sensible signs)로 인하여 그리스도와 새 언약의 유익들이 신자들에게 인쳐지고 적용되는 것을 나타낸다'고 설명합니다. 이러한 설명은 성례가 우리 몸의 기관들을 통하여 인지할 수 있는 성령의 은혜 사역임을 의미하는데, 성례는 단지 상징일 뿐 아니라 실제적인 은혜의 유익이 있음을 뜻합니다.

신약에서 성례는 세례와 성찬입니다. 소교리문답은 세례에 대하여, '물로써 성부와 성자와 성령의 이름으로 우리의 죄를 씻는 것이며 이로써 우리가 그리스도에게 접붙인 바 되어 은혜 언약에 참여하는 사람이 되는 것을 의미' 한다고 설명합니다(94번). 또한, 세례는 믿음의 조건이 아니고 믿음의 증거임을 분명히 하고 믿는 이의 가정에 태어난 자녀들도 언약의 맥락에 따라 세례를 베푸는 것이 합당하다고 설명합니다(95번). 이어서 96번에서는 성찬에 대하여 설명하는데, '성찬은 떡과 포도주를 받음으로 그리스도의 죽음을 나타내 보이는 것이며 합당하게 받음으로 은혜 속에서 성장하는 것'이라고 설명합니다.

성찬에 참여하는 것의 유익은 그리스도의 대속 죽음을 상기함으로써 은혜 가운데 들어가는 것입니다. 실로 은혜는 그리스도를 묵상함으로 주어지는 것인데 특별히 그의 죽음과 그로 인한 구원을 묵상할 때 주어집니다. 97번에서는 합당하게 성찬에 참여하는 것에 대하여 설명합니다. 그렇기 위해서는 주님의 몸을 분별하는 지식을 가졌는지 자신을 점검해야 하며 믿음과 회개와 사랑으로 새로운 순종(new obedience)을 할 의향이 있는지를 살펴야 한다고 말합니다. 또한, 부당하게 성찬에 참여함으로 정죄를 받지 않도록 주의하여야 하는 것도 경고합니다.

현대 교회에서 성찬은 의무적으로, 혹은 최소한으로 시행하고 참여함으로 과소평가되는 경향이 있습니다. 그러나 성찬은 주의 죽으심을 그가 다시 오실 때까지 전하고 선포하는 것입니다(고전 11:26). 존 칼빈은 성찬에 참여할 때 그리스도께서 영적으로 임재하신다고 말했는데, 이는 성찬에 참여하는 사람의 마음에 성령께서 특별하게 임재하셔서 은혜를 주시는 것을 가리킵니다. 그러므로 성찬을 소홀히 하거나 태만한 마음으로 참여하는 것은 커다란 은혜의 방편을 무시하는 것입니다.

3. 기도

은혜의 방편으로 소교리문답이 마지막으로 제시하는 것은 기도입니다. 98번은 기도에 대하여 이렇게 설명합니다.

> 문: 기도는 무엇인가?
> 답: 기도는 그리스도의 이름으로 우리의 소원(desires)을 하나님께 드리는 것인데 곧 그의 뜻에 합당한 것들을 간구하고 죄를 고백하며 그의 긍휼을 감사함으로 인식하는 것이다.

이어지는 99번에서 하나님의 모든 말씀이 우리에게 그의 뜻에 합당한 기도를 드리도록 가르친다고 설명하면서 특별히 주기도문이 기도에 대한 '특별한 지도의 법칙'(special rule of direction)이라고 말합니다. 그리고는 여덟 번에 걸쳐서 주기도문을 해설하는데, 100번에서 '하늘에 계신 우리 아버지'로 부르는 것에 대하여 해설하는 것으로 시작합니다. 이후 여섯 번에 걸쳐서 기도의 주제들을 상세히 해설한 후 마지막 107번에서는 주기도문의 맺는말 의미를 해설합니다.

소교리문답이 기도를 은혜의 방편으로 제시한 것은 주목할 만한 것입니다. 왜냐하면, 일반적으로 은혜의 방편이라고 할 때, 그 의미는 주로 하나님께서 교회를 통하여 공식적으로(officially) 베풀어주시는 것으로 이해하고 있었기 때문에 그때까지는 주로 하나님의 말씀과 성례에 대하여만 그 용어를 사용했기 때문입니다.[26] 그러나 웨스트민스터 신학자들은 신자들이 개인적으로(individually) 드리는 기도 또한 은혜의 방편임을 분명히 했는데 이는 은혜의 방편에 대한 성경의 가르침을 숙고함으로써 은혜의 방편에 대한 이해가 확장된 것이라고 할 수 있습니다. 실로 기도를 통해서 받는 은혜가 큰 것을 그들은 알았기 때문입니다.

그리고 소교리문답이 주기도문을 기도의 모범(directory), 혹은 기준(standard)으로 제시한 것은 신자들이 기도를 어떻게 해야 하는지를 설명한 매우 지혜로운 태도라고 할 것입니다. 주기도문을 따라 기도할 때 신자들은

---

26 존 칼빈은 은혜의 수단에 대하여 설명할 때 교회의 공적인 측면에서 설명하면서 말씀과 성례만을 제시했다. John Calvin, Institutes of Christian Religion, (louisville: Westmister John Knox Press, 2011), IV, XIV, 11. 웨인 그루뎀은 은혜의 수단에 대한 교회사적 이해를 간략하게 설명한 다음 말씀과 성례와 더불어 개인적인 측면에서 은혜를 받는 수단으로 기도가 포함되었음을 설명한다. 하지만 그는 이 세 가지 외에도 더 폭 넓은 범주들을 제시한다. 즉, 예배, 교회의 권징, 자선, 성령의 은사, 교제, 전도, 개인들을 향한 개별적 사역 등인데 이는 은혜의 수단에 대한 현대적인 포괄적인 접근과 이해를 반영하는 것이다. Wayne Grudem, Systematic Theology (Grand Rapids; Zondervan Publishing House, 1994), P. 950-963.

하나님의 뜻을 더욱 사모하며 앙망하며 그대로 살아가고자 하는 열망이 그 마음에 일어나는 것을 경험하게 됩니다.

　소교리문답은 이렇게 하나님의 말씀과 성례(주로 성찬)와 기도를 은혜의 방편으로 제시합니다. 이것은 신자들이 실제의 삶에서 하나님의 계명을 순종하지 못하고 죄를 범함으로 은혜에서 떨어져 실족하거나 낙심할 때 다시 은혜를 회복하는 수단으로 제시된 것입니다. 실로 신자들은 하나님의 법을 온전히 순종하기를 원하지만, 삶에서는 그렇지 못할 때가 많습니다. 믿음과 삶의 깊은 간격과 괴리는 신자들에게 큰 패배감과 무력감과 상실감을 가져다줍니다. 믿음이 정체된다고 느끼며 때로는 심각한 퇴보를 겪으면서 한동안 믿음의 능력이 사라진 채로 방황하기도 합니다.

　그러나 이 땅에서 신자의 삶에는 그런 영적 투쟁이 계속되는 것을 직시하여야 합니다. 무엇보다도 그런 영적 전쟁은 언제나 믿음의 사람에게서만 나타나는 것임을 기억하는 것은 매우 중요합니다. 그러므로 실패하고 좌절할 때 다시 회복하고 새로운 힘을 얻기 위해 하나님이 마련하신 은혜의 방편을 힘써 활용해야 합니다. 즉, 말씀을 읽고 들으며 성찬에 참여하고 기도를 드림으로 그리스도의 은혜 가운데 장성해 가도록 힘써야 합니다.

　그러나 은혜의 방편들 그 자체가 자동으로 은혜라는 뜻은 아닙니다. 말씀과 기도에 힘쓰고 성례에 참여할 때 그것들이 하나님께서 은혜를 주시는 통로가 된다는 뜻입니다. 그러므로 우리는 그 방편들을 힘써 활용하면서 겸손히 은혜를 구하여야 합니다.

　말씀은 신자의 삶의 핵심입니다. 특별히 예배에서 선포되고 증거되는 말씀이 영적 생명의 근간이 되는 것을 기억하고 사모하고 은혜를 갈망해야 합니다.

성찬은 보이는 말씀입니다. 그러므로 형식적이거나 의례적으로 참여하지 않도록 주의하여야 합니다. 또한, 더 깊은 은혜를 사모하며 기도하기를 힘써야 합니다. 기도는 들려진 말씀을 자기화하고 체화(體化)하는 것입니다. 기도를 드릴 때 말씀이 자신의 능력이 됩니다. 그렇게 말씀에 마음을 열고 온전히 받아들이며 성례에 참여하고 기도에 힘씀으로써 점점 더 거룩하게 변화되어 성화되어 갑니다. 비록 실패하고 넘어질지라도, 그 때문에 성화의 모습이 더딜지라도 신자는 점점 더 예수 그리스도를 향하여 나아갑니다. 전체적으로 볼 때 원뿔 모양으로 서서히 뻗어가는 나선형의 형태를 이루면서 우리는 점점 더 그리스도를 닮아가며 성숙하게 됩니다.

함께 생각해보기

1. 은혜가 우리를 어떻게 변화시키고 새롭게 했는지 개인의 경험을 나누어보십시오.

2. 위의 세 가지 외에 다른 은혜의 방편이 있는지 이야기 나누어보십시오.

제13장

실제의 삶에서 – 시편 119:32

　신자의 삶이란 그리스도 안에 있는 새 언약을 통하여 하나님의 법을, 그 계명을 순종하는 삶을 살아감으로 점점 더 그리스도를 닮아가는 성화의 삶이라고 할 수 있습니다. 그러므로 하나님의 율법을 지키는 것은 우리가 복된 삶을 살아가는 첩경이라고 할 수 있습니다.
　그런데 그렇게 하는 것이 실제의 삶에서 자연스럽게 실천되지 않고 매우 어렵고 성가시고 힘겨운 일로 여겨지기도 합니다. 그것은 우리의 본래 마음이 하나님의 율법과 같은 방향으로 향하지 않기 때문입니다. 우리의 마음의 결이 하나님의 말씀과 다르므로 서로 부딪치고 자주 충돌하는 갈등을 경험합니다.
　이런 갈등은 우리가 거듭나고 중생한 다음에도 자주 일어납니다. 사실 이런 싸움이 마음에서 일어나는 것 자체가 우리가 거듭난 신자라는 증거이므로 그것을 부정적으로만 볼 것은 아닙니다. 그리고 이런 싸움은 우리의 연약함에 기인하기도 하지만 또한 여전히 우리 안에 거하면서 우리에게 영향력을 행사하는 죄(롬 7:17)의 권세로 일어나는 일이기도 합니다. 우리 안에 남아있는 죄로 기우는 성향과 경향성이 우리 안에서 기회를 틈타 종종 힘을 쓰기 때문에 하나님의 율법을 순종하는 삶이 어렵고 힘들게 되는 때가 많은 것입니다.

사도 바울은 이런 실상에 대하여 성도들의 마음은 성령과 그에 대항하는 죄의 성향 즉 육체가 서로 원하며 주도권을 행사하는 갈등을 겪고 있다고 말합니다(롬 7장; 갈 5:17). 우리의 마음 한편에는 하나님의 말씀을 기뻐하고 순종하고자 하는 열망이 있지만, 다른 한편에는 육체의 욕심을 따라 살고자 하는 본성도 남아있어서 서로 부딪친다는 것입니다.

원칙적으로 우리는 거듭나서 새로운 사람이 되었습니다. 하지만 육체의 본성은 우리가 이 땅에 사는 동안에 사라지지 않고 남아있기 때문에 서로 충돌하며 투쟁하게 됩니다. 마르틴 루터(Martin Luther, 1483-1546)의 말처럼 우리는 '성도인 동시에 죄인'(Simul Lustus et Peccator, Simultaneously Saint and Sinner)이라고 할 수 있습니다. 그리고 우리 안에 거룩함이 커갈수록 영적 싸움도 격렬해집니다. 이런 영적인 투쟁은 우리가 살아가는 동안 평생 지속할 것입니다.

그런데 이런 갈등을 시편 119편 기자도 경험하고 있었습니다. 그런데도 시편 기자는 하나님의 율법을 사랑하고 순종하는 삶이 가능하고 그러한 삶이 최고의 삶인 것을 알고 있으며 그렇게 살아가기를 갈망하고 있습니다. 그래서 시편 중에서 가장 긴 시편(전체 175절)인 이 시에서 하나님의 말씀, 즉 율법을 순종하는 삶에 대하여 다양하게 묘사하고 있습니다.

이 시편은 한 연이 8절로 되어있는 22개의 연으로 구성되어 있는데 각 연은 히브리 알파벳의 순서를 따라 시작됩니다. 그 가운데 32절은 네 번째 연의 마지막 절로서, 하나님의 율법을 순종하는 삶이 어떻게 가능한지를 설명합니다.

주께서 내 마음을 넓히시면 내가 주의 계명들의 길로 달려가리이다(시 119:32).

이것은 우리가 주의 계명을 순종하는 삶의 방식(pattern)에 대한 설명이라고 할 수 있습니다. 우리가 거룩한 삶을 살아가는 데에는 하나님이 하시는 일과 우리가 하는 일이 있는데, 그 순서를 주목해야 합니다.

1. 마음을 넓히시면

우리가 율법을 순종하는 삶을 살아가기 위해서는 하나님이 먼저 우리 안에 행하시는 일이 있습니다. 그것은 하나님께서 우리의 마음을 넓혀주시는 것입니다. 한글 개역개정판에는 '마음을 넓혀주시면'이라고 번역되었지만, 그 말을 다르게 해석하는 것도 가능한데 '해방시키다'(set free)는 뜻으로 해석하는 것입니다. 그러면 그 의미는 '주께서 내 마음을 해방하면'이 됩니다.

이러한 해석은 우리의 마음이 죄에 사로잡혀 있으면 하나님의 계명을 순종할 수 없음을 강조하는 것으로, 죄의 실재와 실상을 생생하게 설명하는 전체 성경의 이해와 맞닿아 있습니다. 그리고 이러한 설명은 우리의 경험으로도 타당한데 죄는 다만 심리적인 무엇이 아니라 우리 안에 실재하고 우리에게 영향력을 행사하는 실체이기 때문입니다.

예수님은 이 사실을 분명하게 말씀하십니다. 자기에게 온 유대인들을 향하여 예수님은 분명히 말씀하십니다. '진리를 알지니 진리가 너희를 자유롭게 하리라'(요 8:32). 그리고 이어서 예수님은 죄를 범하는 사람은 죄의 종이 된다고 하시면서 그들이 여전히 죄의 속박 아래 있음을 말씀하십니다(요 8:34-35). 그러나 바로 이어서 이렇게 말씀하십니다.

> 아들이 너희를 자유롭게 하면 너희가 참으로 자유로우리라(요 8:36).

그러면서 사람을 자유롭게 하는 것은 진리이신 예수님의 말씀이 할 것이라고 말씀하십니다(요 8:51). 왜냐하면, 예수님의 말씀이 바로 사람을 죄로부터 해방시키시는 영이요 생명이기 때문입니다(요 6:63).

예수님의 말씀은 죄에 속박된 우리를 해방하는데 성령께서 우리의 마음에 역사하심으로써 그 일을 하십니다. 바로 이 일을 위하여 예수님은 성령을 보내시겠다고 하셨고(요 14:26), 약속하신 대로 성령을 보내서서 믿는 사람들의 마음을 자유롭게 하십니다. 사도 바울도 동일한 사실을 분명하게 선언합니다.

> 주는 영이시니 주의 영이 계신 곳에는 자유가 있느니라(고후 3:17).

이러한 사실을 구약 시대의 시편의 기자도 알았습니다. 그는 주께서 자신의 마음을 해방시키신 것을 경험하였기 때문입니다. 바로 이런 이유로 영어 성경(NIV)에서는 이 구절을 현재완료 시제(you have set my heart free)로 번역했습니다.

그러나 이 말을 한글 개역개정판처럼 '마음을 넓히시면'(enlarge)으로 해석할 수도 있는데 사실 이렇게 이해하는 것이 더 나은 것 같습니다. 왜냐하면, 본문은 시편 기자의 실존적 상태와 갈망을 언급하는 것으로 이해하는 것이 더 타당해 보이기 때문입니다. 또한, 이러한 해석은 시편 기자가 하나님의 말씀의 엄청난 넓이와 깊이에 비하여 자기의 현재의 마음이 매우 협소하고 작은 것을 자각하고 있음을 나타내는 것으로 보이기 때문입니다. 그래서 시편 기자는 자신의 마음의 좁고 얕음에 반하여 하나님의 말씀의 광대함을 인식하면서 같은 시편의 96절에서 이렇게 고백합니다.

> 내가 보니 모든 완전한 것이 다 끝이 있어도 주의 계명들은 심히 넓으니이다(시 119:96).

참으로 하나님의 말씀은 한계가 없으신 그분의 완전한 성품을 나타내기 때문에 그 말씀의 넓이와 깊이가 우리의 계량과 헤아림을 넘어섭니다. 신약에서도 사도 바울은 지식을 능가하는 하나님 사랑의 속성을 말하면서 그 너비와 길이와 깊이의 충만함에 대하여 말합니다(엡 3:18-19). 하나님 존재하심의 본질에 있어서 그러하신 것처럼 하나님의 말씀도 심히 넓습니다. 그래서 우리의 믿음이 자라고 성장할수록 하나님 말씀의 의미도 더 심원해집니다.

그에 비해 일반적인 우리의 마음은 매우 좁습니다. 하나님의 말씀을 받아들이기에는 너무 좁고 얕고 둔해서 하나님의 말씀을 받아들이기가 쉽지 않습니다. 그 말은 우리의 영적 이해도가 매우 낮다는 뜻이고 우리의 영적인 성향이 좁다는 뜻이기도 합니다. 게다가 영적인 진리에 대하여 무지한 우리의 마음 상태를 점점 더 악화시키는 시대의 사조들과 경향들도 우리의 좁은 마음을 더 협소하게 만들고 있는 실정입니다. 그렇기 때문에 오직 하나님께서 우리의 마음을 넓게 해주셔야 우리가 하나님의 말씀을 바르게 이해하고 순종할 수 있게 됩니다. 마음을 넓게 하신다는 말은 하나님께서 우리의 이해와 통찰을 더해주시는 것을 의미하는데 구약의 솔로몬에 대하여 본문과 동일한 표현이 사용되었습니다.

> 하나님이 솔로몬에게 지혜와 총명을 심히 많이 주시고 또 넓은 마음을 주시되 바닷가의 모래 같이 하시니(왕상 4:29).

솔로몬이 그렇게 뛰어난 지혜와 지식을 갖게 된 것은 하나님께서 그에게 넓은 마음을 주셨기 때문이라는 뜻입니다. 신약에서 사도 바울은 하나님께서 성도들에게 지혜와 계시의 영을 주시기를, 성도들의 마음의 눈을 밝혀주시기를 기도했습니다(엡 1:17-18). 그것은 하나님께서 마음을 넓게 하셔서 그 말씀의 뜻을 알게 하시기를 구하는 것이었습니다. 바울은 또한 고린도 교회의 성도들을 향하여 마음이 넓어지는 것에 대하여 구체적으로 말하기도 했는데(고후 6:11), 그것은 바울이 하나님의 은혜로 고린도 교회 성도들을 이해하고 사랑하는 마음이 커진 것을 의미합니다.

그런데 마음이 넓어진다는 것은 사랑이 커진다는 뜻이기도 합니다. 사실 사랑 외에 마음을 넓게 하는 다른 것이 없습니다. 오직 사랑만이 좁은 마음을 넓게 하고 얕은 마음을 깊게 합니다. 그러므로 하나님께서 우리의 마음을 넓게 하시는 것은 사랑으로 우리의 마음을 채우시는 것을 뜻합니다. 그러므로 시편 기자는 하나님께서 마음을 넓히시면 자신의 영혼의 크기(size)가 커지고 그에 따라 용량(capacity)도 커지는 것을 경험한다고 고백하는 것입니다. 그것은 풍선에 공기를 주입하는 만큼 풍선이 커지는 것과 같습니다. 하나님께서 우리의 마음을 넓히시면 우리의 마음은 그만큼 커집니다.

이 일을 하시는 이가 바로 성령이십니다. 성령은 믿는 우리의 마음을 새롭게 하시고 넓게 하십니다. 사도 바울은 고린도 교회 성도들에게 십자가에 달리신 예수 그리스도를 전파하는 것이 하나님의 구원하심을 알리는 것이라고 하면서 이것을 이해하는 것은 세상의 지혜가 아니라 오직 하나님의 지혜로 되는 것임을 이렇게 설명합니다.

> 오직 하나님이 성령으로 이것을 우리에게 보이셨으니 성령은 곧 모든 것 곧 하나님의 깊은 것까지도 통달하시느니라 … 우리가 세상의 영을 받지 아니하고 오직 하나님으

로부터 온 영을 받았으니(고전2:10, 12).

그리고 사도 바울은 성령이 우리 안에 계신다고 말하고(고전 3:16), 성령께서는 우리 마음에 오셔서 거듭나게 하시고 믿게 하실 때부터 우리의 마음에 계신다고 말합니다(고후 1:22). 성령께서는 그렇게 우리 안에 계면서 우리의 마음을 넓히십니다. 즉, 우리의 마음과 생각을 자극하셔서 하나님의 말씀을 깨닫고 이해하게 하신다는 것입니다. 그러면 우리에게서는 하나님의 사랑으로 마음이 커지고 깊어져서 하나님의 계명들을 기꺼이 순종하여 행할 마음이 일어납니다.

그러므로 하나님의 계명들을 순종하는 삶은 성령께서 우리 마음에 은혜를 주입(infuse)하실 때 가능합니다. 그러면 우리는 하나님의 사랑을 알게 되고 하나님의 계명의 아름다움을 보고 거기에 매료되어 그 말씀을 사랑하고 행하고자 합니다. 그렇게 우리 마음의 경향성(inclination)이 바뀌고 방향성(orientation)이 바뀝니다. 하나님을 사랑함으로 그 계명을 사랑하고, 그것을 행하고자 하는 마음으로 뜨거워지게 됩니다.

2. 계명의 길로 달려가리이다

그러면 우리는 하나님의 말씀을 순종하는 삶을 살게 됩니다. 그래서 본문은 이렇게 말합니다.

"내가 주의 계명의 길로 달려가리이다."

마음이 하나님의 사랑으로 넓어진 까닭에 하나님의 계명을 순종하고 실천하기로 결심하고 그렇게 살겠다고 다짐하는 것입니다. 그런데 시편 기자는 계명의 길에 서겠다거나 걷겠다는 정도를 넘어서 달려가겠다고 말합니다. 매우 강력한 표현입니다. 그것은 지체하지 않고 신속하고 빠르게 실천하겠다는 것을 뜻하고 또한 매우 즐겁게 그렇게 하겠다는 의미입니다. 하나님의 성령께서 우리 마음을 넓히시면 우리의 마음이 변화되고 우리는 기꺼이 그 말씀을 실천하고자 하는 마음이 생겨나고 그렇게 행동하게 됩니다. 사랑의 마음으로. 그래서 시편 기자가 뒤에서 이렇게 말하는 것은 자연스러운 일입니다.

주의 말씀의 맛이 내게 어찌 그리 단지요 내 입에 꿀보다 더 다니이다(시 119:103).

이것은 하나님의 말씀에서 하나님의 사랑을 마음 깊이 느끼게 되어 자신의 마음도 기쁨과 행복으로 가득 차 있음을 표현하는 것입니다. 그렇게 고양되고 뜨거운 마음으로 계명을 순종하는 삶을 살아가겠다고 다짐하고 기쁜 마음으로 그 길로 달려가겠다고 고백하는 것입니다.

이와 관련하여 매우 중요한 사실을 기억해야 합니다. 그것은 성령의 감화하심이 있으면 우리는 그 감화를 냉각시키거나 소멸하지 말고 고스란히 간직하면서 삶에서 실천해야 한다는 것입니다(살전 5:19). 그렇게 할수록 우리는 더욱더 성령의 능력 안에서 하나님의 말씀을 순종하는 삶을 살아가게 됩니다. 말씀의 능력을 체험하는 것은 바로 그런 방식으로 순종을 통해 이루어지는 것을 잊지 말아야 합니다.

비유하자면, 이것은 마치 아기가 걸음마를 배우기 시작한 후에 얼마 후에 달려나가는 것과 같습니다. 아기는 처음에 혼자 걷지 못합니다. 아기는 전적으로 어머니의 젖과 음식으로 자라나야 서게 되고 걸을 힘을 얻습니다. 당연히 처음에는 서기조차 어렵고 금방 주저앉지만, 아기는 포기하지 않고 계속 일어섭니다. 어머니는 그 모습을 보고 무한한 애정으로 아기를 격려합니다. 그러면 아기는 다시 새롭게 도전합니다. 어마어마한 격려 속에서 일어서고 드디어 한 발 두 발을 내딛기 시작합니다.

그 모습을 본 어머니는 기뻐서 어쩔 줄 몰라 환호성을 지릅니다. 그렇게 하여 아기는 걷게 되고 좀 더 자라면 달리기도 시작합니다. 응원하고 격려하는 엄마와 함께라면 아기는 더 자주 달리려 하고 점점 더 잘 달리게 됩니다.

이처럼 우리도 성령이 감화하시고 감동하시는 은혜를 받으면 하나님의 사랑을 더 깊이 깨닫게 되고 그 사랑으로 마음이 넓어지고 힘을 얻어서 그 계명의 길을 향하여 기쁘게 달려나갑니다. 이것이 하나님의 백성들이 하나님의 계명에 대하여 살아가는 방식입니다.

우리 자신의 힘으로는 계명을 순종하는 삶을 조금도 살아가지 못합니다. 오직 하나님의 성령께서 우리의 마음에 지혜를 주시면, 마음을 넓히셔서 사랑을 더하시면 우리는 기쁨으로 그 길로 달려가게 됩니다. 사도 요한이 '그의 계명들은 무거운 것이 아니라'(his commandments are not burdensome, 요일 5:3)고 말한 이유가 여기에 있습니다.

만일 우리 마음에 하나님의 계명이 무겁고 번거롭고 괴롭게 느껴진다면 우리의 마음이 좁아진 상태임을 알아차려야 합니다. 또한, 무엇이 우리 안에 계신 성령을 근심하게 하고 그 불을 끄게 하였는지를 돌아보아야 하고 어떤 죄가 우리의 마음을 좁아지게 하고 영적인 감각을 둔하게 하였는지도 점검해야 합니다. 이러한 점검과 성찰에서 가장 중요한 것은 하나님의 말씀을 가까이하고 읽는 것입니다. 그리고 교회의 예배에서 설교되는 말씀을 진지하게 들으면서 우리 마음에 반추해 보는 것입니다. 그리고 그때 마음에 떠오르고 생각나는 것들에 대하여 하나님께 기도해야 합니다. 자비로우신 아버지께서 우리의 마음에 은혜를 베풀어주실 것입니다. 그렇게 그리스도의 영이신 성령께서 우리의 마음을 사랑으로 불붙여 주시고 진리의 빛으로 행하게 하시기를 기도하는 것은 우리가 힘써 행해야 할 의무입니다.

우리가 진심으로 그렇게 한다면 우리는 다시 계명의 길로 달려가는 복된 삶을 살아갈 힘을 얻을 것입니다. 그러한 삶이야말로 하나님께서 우리를 향하여 계획하시고 이루고자 하시는 삶, 곧 거룩함을 이뤄가는 삶입니다(엡 1:4). 그리스도의 형상을 닮아가는 삶이란 바로 거룩함이 더해져 가는 삶입니다.

이것이 우리 신앙의 대의(大義)입니다. 실제의 우리의 삶에서 거룩함이 드러나고 더해가는 것만큼 중요한 것은 없습니다. 또한, 이것이야말로 우리의 헌신과 봉사와 사역의 근간이 되고 토대가 되는 것입니다. 말씀과 기도, 그리고 성찬은 우리 신앙의 기본입니다. 그러나 이러한 은혜의 방편들을 제대로 실천하는 중요합니다. 그렇게 할 때 우리는 점점 더 거룩한 삶을 살아가게 될 것입니다. 삶이 이런저런 질곡과 굴곡 가운데 있을지라도 주의 계명의 길로 기쁘고 담대하게 달려가는 것이 언약 백성인 우리의 본연의 모습이고 그런 삶을 살아갈 때 그리스도를 닮아가는 거룩함이 우리 안에 더욱 또렷해질 것입니다.

함께 생각해보기

1. 하나님께서 마음을 넓히시는 것을 우리가 어떻게 알 수 있는지 이야기 나누어보십시오.

2. 하나님의 은혜로 말미암아 우리의 삶이 거룩하게 변화된 경험들을 이야기 나누어보십시오.

에필로그

주 예수 그리스도를 믿는 모든 사람이 그렇겠지만, 저 또한 그리스도인으로서 어떻게 살아야 할지에 대한 고민이 깊고도 오래되었습니다. 하지만 삶을 이야기하려면 먼저 믿음의 도리를 제대로 이해해야 했고 그래서 교리에 관심을 가지게 되었습니다. 그리고 성경의 교리를 점차 분명하게 이해하기 시작하면서 그에 부합한 삶의 모습이 서서히, 대략적인 윤곽으로나마 그려지기 시작했습니다.

바른 교리는 언제나 성경에서 나온 것이고, 그 교리는 마땅히 실제의 삶으로 연결되고 드러나야 했습니다. 교리와 삶이 서로 따로 떨어져서 각각의 방식으로 분리되어 작동하는 것은 성경의 가르침을 심각하게 오해하고 왜곡하는 것입니다. 교리와 삶은 믿음 안에서 하나로 통합되어야 했습니다. 그러나 교리와 삶을 직접적이고도 실제로 연결하기는 쉽지 않았습니다.

그러던 차에 웨스트민스터 소교리문답을 깊이 공부할 기회를 얻어서 살펴보다 보니 그 안에 교리와 삶이 한데 어울려 있는 것을 보게 되었고 그 중심에는 성화의 교리가 있음을 확인하게 되었을 때 기뻤습니다. 그것은 오랫동안 교회에서 성화에 대한 가르침과 강조가 희미해진 것을 보아왔기 때문이기도 합니다. 간간이 접하게 되는 성화에 대한 가르침을 보아도 성경적인 균형을 갖추지 못한 것이 눈에 띄었습니다. 거룩함을 신비주의와 은사주의에 의해 경도된 주관적인 경험으로 이해하는 것이 대부분이었고 성화에 대한 개혁신학적인 이해와 설명을 어떻게 삶으로 직접 연결하는지를 보기는 어려웠습니다.

하지만 웨스트민스터 소교리문답은 그 아쉬움과 갈증을 완전히 해소해 주었습니다. 성화에 대한 소교리문답의 설명은 실제의 삶을 염두에 두고 성령의 주도하심 안에서 신자의 믿음과 순종으로 이루어지는 것임을 분명하게 제시하고 있습니다. 그것은 바로 창조 시에 첫 사람에게 주신 도덕법의 핵심이요 구체적인 명령인 십계명을 순종하여 지킴으로써 거룩함을 이루는 삶을 살아가라는 것이었습니다.

비록 거룩한 삶의 여정에서 자주 실패하고 좌절을 경험할지라도 성령께서 역사하시는 은혜의 방편을 통해서 우리는 다시 일어설 수 있고 앞으로 나아갈 수 있습니다. 웨스트민스터 소교리문답은 이것을 체계적으로 설명하면서 성도들을 격려하고 있습니다. 그렇게 함으로써 우리 주 예수 그리스도의 형상을 조금씩 더 닮아가는 성화의 실제를 우리에게 제시합니다.

무엇보다도 소교리문답은 이것을 언약의 맥락 안에서 확립함으로 탄탄한 성경적 토대와 확신 가운데 우리가 거룩한 삶을 살아가도록 이끕니다. 소교리문답은 그렇게 믿음과 삶의 통합을 보여줍니다. 하나님을 영화롭게 하고 즐거워하는 것은 바로 십계명을 순종하는 거룩한 삶에 있음을 소교리문답은 분명하게 보여줍니다.

이러한 인식과 자각은 이내 제 안에서 기쁨의 소망이 되고 소망은 이내 힘이 되었습니다. 이 기쁨과 소망을 같은 믿음을 가지고 있는 사람들에게도 소개하고 알리고 싶은 마음으로 이 책을 내어놓습니다. 그리스도 예수 우리 주 안에 있는 믿음을 함께 가지고 있는 분들이 저와 같은 기쁨과 소망을 경험하고 십계명을 순종하여 살고자 하는 거룩한 삶으로의 담대한 발걸음을 내딛게 된다면 그것으로 이 책은 그 역할을 다하는 것이라고 생각합니다.

웨스트민스터 총회 시리즈 (7)
웨스트민스터총회의 율법과 성화

홍인택 지음 | 신국판양장 | 336면

이 책은 목회자이자 학자인 저자가 오랜 시간 웨스트민스터 '소교리문답'을 연구하여 내놓은 박사 학위 논문을 책으로 엮은 것이다. 기존의 교리문답서에 대한 연구들에서 '신앙고백'에 비해 미진했던 '소교리문답'을 다루었다는 점에 그 의의가 있다. 저자의 바람처럼, 이 책을 통해 신앙을 돌아보고, 성화의 삶을 통해 성장해 가는 자신을 발견하게 될 것이다